刑務所で世の中のしくみを教える

府中刑務所「生活設計・金融講座」

金融広報アドバイザー
石森久雄 著

芙蓉書房出版

まえがき

刑務所は、そこに閉じ込められ、管理する人も、管理される人にとってもつらく厳しい世界です。

「むしょ帰り」という言葉があります。刑務所から刑期を終えて帰ってきた人のことを言いますが、この「むしょ」とは、刑務所の刑をとって「むしょ」と呼ぶのではないようです。

明治15年の監獄則の改正によって、当時の囚人が食べるご飯は「麦６、米４」の割合に決められたことから、麦の６（む）と米の４（し）がなまって「むしょ」になったと言われています。また、江戸時代の牢屋は虫かごのような形をしていたため「虫寄場《むしょせば》」と呼ばれていたのが省略されて「ムショ」という隠語になったという説もあります。

いずれにしても、刑務所という呼称のなかった江戸時代や明治の監獄の頃から「むしょ」と呼ばれていたようです。

「むしょ」は、犯罪を犯した者に対して、規則正しい生活を送り、生活習慣や怠惰な性格などを改善し、社会に復帰させるところです。しかし、出所後に再び刑務所に戻る割合が高いため、政府は２０２０年のオリンピック・パラリンピック東京大会の開催を視野に、「世界一安全な日本・創造戦略」を目指し、治安に関する７つの重点課題の１つとして「刑務所出所者等の再犯防止」を取り上げました。

満期釈放者は、仮釈放者と比べて特に再入率が高いのです。その理由として、適当な帰住先がないため生活の基盤を作りにくいこと、資質や前歴等の問題から就労が困難で安定的な収入を確保しがたいことなどが上げられます。そのため、特に満期釈放者に対しては、再犯防止のため、入所中の矯正指導や出所後の緊急的支援が極めて重要であり、法務省による釈放前の指導や出所後緊急的に生活必需品や宿泊場所の供与、就労の支援を行う更生緊急保護の実施を掲げ、これは一定の効果を上げています。

もっとも、入所中の矯正指導は、施設内で指導する職員の数にも限りがあるだけでなく、外部から応援の手が差し伸べられているケースも少ないのが実情です。


私は東京・府中刑務所で釈放前の受刑者に対する「生活設計・金融講座」を担当しています。東京都金融広報アドバイザーの会合の席で、刑務所に収容されている仮出所者に対する講座の講師募集がそのきっかけでしたが、その時手を挙げたのは私だけでした。

私は子供のころ、住まいの近くに医療刑務所があったことから、屋外で農作業する収容者をよく見かけていましたし、そしてやはり近くにあった少年院のグランドを借りて野球をしていたので、このような施設に対する抵抗感がなく、すんなり手が挙がったのです。

平成19年3月より、府中刑務所において仮釈放者に対する「生活設計・金融講座」が実施されましたが、そのうち満期釈放者の講座も設けたいとの要望があり、平成25年3月からは、満期釈放者の釈放前指導を担当するようになり、現在に至っています。

講義を受けるのはすべての満期釈放者ではなく、選抜された収容者と聞いていますが、講義は2時間。トイレ休憩も5分足らずですが、収容者は講義を熱心に聞いてくれます。

講義は一方的に教えるというやり方ではなく、教壇に名前入りの座席配置図があるので、これを見ながら話しかけ、質問し、答えさせるようにしています。2時間という限られた時間では、質問等の内容から深く入り込む事案と浅く入る事案とがその日その時で違ってきてしまいますが、これなら自分にもできる、やってみようと思ってくれれば、出所後の生活の助けになるはずと確信しています。そしてこの教室にいる受刑者が二度と「ムショ」に戻らぬことを願いながら講義を続けています。

こうした講座を唯一開設している府中刑務所の講座内容を具体的に紹介し、ありのままの状況を伝えることで、釈放前指導が全国の刑務所に拡がることを期待し、本書を執筆することにしました。

なお、文中に登場する受刑者の名前はすべて仮名であることをお断りしておきます。

刑務所で世の中のしくみを教える
―府中刑務所「生活設計・金融講座」―

目次

第1部

いまの刑務所

1
刑務所の食事事情

❖「くさい飯を食う」

刑務所に収容されることを「くさい飯を食う」という表現をします。刑務所の食事は、現在は一般的な食事と変わらないと思いますが、昔は本当にくさかったからこうした表現が使われていたのでしょう。

刑務所の檻の中（房《ぼう》といいます）は、極めて合理的な構造になっていて、特に独居房《どっきょぼう》（独房）は「机の蓋をあげると便器になる」というような造りだったようです。複数の受刑者を収容する雑居房《ざっきょぼう》は、房内にトイレが設置されていたため、汲み取りの時代、特に夏場は、キツイ臭いの中で食事をしたために、くさい飯を食うと表現をするようになったという説があります。

もう一つの説は、刑務所では１００％白米ではなく、麦《ばく》シャリと呼ばれる麦入りご飯が出されていますが、昔の麦は独特の臭いが残っていたため、くさい飯と言われるようになったとの説もあります（元ヤクザの作家、安部譲二氏によると「比喩的ではなく、昔の刑務所の飯は本当に臭かった」とのことです）。

ちなみに、昔は、コスト面の理由で麦の比率が高かった（麦６：米４）のですが、今は、収容者の健康を考え、コスト面で高く付いても整腸効果が期待できる麦を混ぜている（麦３：米７）とのことです。現在は、麦そのものの品質や精麦技術が向上したので、麦入りでも臭いが気にならないようです。

❖刑務所の食事は健康食

自由もプライバシーも全くない刑務所生活では、食べることは非常に大きな楽しみの一つとなります。豪華な食事というわけではありませせが、適当なものが出されるというわけでもありません。以下のリストはその代表的なパターンです。

「刑務所の食事って副菜で１０００キロカロリー、これは全員一緒なんです。ご飯の量は、Ａ食、Ｂ食、Ｃ食に分かれている。Ａ食はぼくたちみたいな立ち仕事中心の一番活動的な人で、Ｂ、Ｃと運動量が減る。それぞれ１６００、１４００、１２００キロカロリーでした。もちろん酒は一滴も飲めませんからね」（『ホリエモンダイエット』より）

一日の摂取カロリーと栄養量は法務大臣の訓令で定められており、成人男子であれば一日当たり２２００から２６００キロカロリーとなっています。

刑務所の食事

３食の代表的な献立

（１）
朝　麦飯　味噌汁　サバの缶詰　ふりかけ
昼　麦飯　野菜炒め（魚肉ソーセージ入り）　かき玉汁　漬物
夜　麦飯　しらたきソテー　筑前煮　ウグイス豆
（２）
朝　麦飯　味噌汁　豆腐　桜漬け
昼　麦飯　味噌汁　八宝菜　おでん
夜　麦飯　スープ　餃子　がんも煮付け　味付け山菜
（３）
朝　麦飯　味噌汁　こうなご佃煮　青カッパ漬け
昼　麦飯　スープ　ハンバーグ　野菜サラダ　りんご
夜　麦飯　味噌汁　焼き魚　大根おろし　ほうれん草のゴマあえ
（４）
朝　麦飯　味噌汁　納豆　たくあん
昼　麦飯　スープ　カツカレー　サラダ　牛乳
夜　たぬきうどん　ちくわテンプラ　かきあげ　わかめの酢の物
（５）
朝　麦飯　味噌汁　サンマの缶詰　かぶ漬け
昼　麦飯　スープ　豚ニラ炒め　中華サラダ　白菜漬け
夜　パン　ジャムバター　クリームシチュー　煮豆　春雨サラダ
　　フルーツポンチ
（６）
朝　麦飯　味噌汁　生タマゴ　海苔　しば漬け
昼　麦飯　スープ　チキンカツ　ひじきの煮物　サラダ
夜　麦飯　味噌汁　煮魚　酢の物　かぼちゃサラダ
（７）
朝　麦飯　味噌汁　カツオの缶詰　ふりかけ　キャベツ漬け
昼　ラーメン　おでん　サラダ　青菜ひたし　柿
夜　きつねそば　テンプラ盛り合わせ　野菜の煮物　ヨーグルト
（８）
朝　麦飯　味噌汁　赤貝佃煮　海苔　ツボ漬け
昼　パン　ジャム　ぜんざい　ハムエッグ　サラダ　みかん
夜　麦飯　酢豚　中華サラダ　タマゴスープ　コーヒー牛乳

（ダイエット情報室より）

刑務所内での主食は麦飯で、麦3：米7の比率で炊かれます。麦は食物繊維も多く、血糖値を下げると言われていますので、糖尿病気味だった受刑者が出所のころには健康体になっていた、ということもあるようです。

刑務所の料理人は受刑者ですが、炊事の仕事に就く受刑者は審査会で決められ、暴力団との関係がなく比較的おとなしい、受刑者の中でもエリートが選ばれます。しかし、プロではありませんので、うまいまずいは当然あります。嫌いなものを食べ残すことは許されますが、受刑者同士でおかずを交換したり、残したものを舎房に持って帰るなどの行為は禁止されています。これをやると懲罰の対象となります。

❖季節ごとや正月にはご馳走が出る

江戸時代、長谷川平蔵が創設した「人足寄場」でも、季節に応じて食べ物の支給がありました。正月には雑煮、塩鮭、五月の節句には赤飯、寄場開設記念日（2月19日）、構内稲荷社の祭りにも赤飯、暑中には鰌汁《どじょうじる》、盆には素麺《そうめん》と、年中行事はきちんと守られ、8月15日（中秋名月）、9月13日（後の月十三夜）の月見には団子汁《だんごじる》を与えるという風流な面もありました。

現在の刑務所でも季節の暦に応じた食べ物が支給されます。バレンタインデーにはチョコレート、3月には雛《ひな》あられ、5月には柏餅《かしわもち》、彼岸にはぼたもち、土用の日にはうなぎ、9月には月見だんご、クリスマスにはケーキなどです。

刑務所内では支給される食べ物以外は一切食べることができません。特に甘いものを食べる

お正月のご馳走

機会はゼロではないものの、その頻度は一般人に比べると極端に少なく、受刑者たちは甘いものに飢えていると言われます。

　年末の30日から正月3日までの5日間は祝日扱いで、毎日お菓子も支給されます。普段麦飯と野菜中心のメニューで強制的にダイエットされた体は、正月の三日間で2～3キロ太ることも少なくないようです。

　大晦日は、恒例のＮＨＫの「紅白歌合戦」と「行く年、来る年」の除夜の鐘を聞くまで起きていることが許されます。そして、インスタントの年越しそばとお湯を入れる保温水筒が配られます。これは大晦日の夜から就寝前まで自由に食べていい食事に備えてのもので、年越しそば等に使用します。

　刑務所では正月が特に楽しみのようです。なぜなら正月の三日間は普段刑務所では食べられないようなご馳走が出るからです。久しぶりの銀シャリで、毎朝雑煮も食べられます。元日の朝はおせちの折詰めで始まり、鰻の蒲焼や牛肉のステーキ、エビチリなど刑務所とは思えないほどのご馳走です。

　ある刑務所のおせち料理は、トンカツ、チキンソテー、グラタン、海老塩焼き、鰆《さわら》西京焼き、かまぼこ、紅白なます、黒豆、栗きんとんなど、コンビニの幕の内弁当に似た容器に一口サイズで詰め込まれています。おせち料理は、1月2日から3日の夜までに食べ切るように指示されていますが、ほとんどの受刑者は食べだすと箸が止まらなくなり、元日に食べ切ってしまうそうです。

またお餅は、正月三が日の昼食に、雑煮、海苔餅、ぜんざいを一度ずつ出してくれる刑務所もあれば、三が日に一回しか出さないところもあります。

正月の料理に関して、塀の外からは「受刑者が豪華なものを食べている」との指摘もありますが、早く罪を償って刑務所を出ればこんな美味しいものが食べられると、美味しい料理を通じて早期矯正を促しているとも言えます。しかし、受刑者の食事の年間予算は決まっているので、おせちを豪華にする代わり、日々の食費を削っているようです。

12月は、刑務所にとって出所ラッシュの時期だといいます。せめて正月くらいはシャバで過ごしてほしいという配慮ですが、逆に年末は犯罪が増える傾向にあるともいいます。再犯者は、正月のおせち料理に味をしめているため、正月のご馳走にありつけるように計算して罪を犯す者もいるようです。

江戸時代、石川島の人足寄場で長谷川平蔵が四季おりおりに行っていた行事がそのまま伝えられ、正月にはおせち料理のご馳走が出るようになりました。そのため、無銭飲食とか食べ物の盗みなどの小さな犯罪を犯して、衣食住や医療、介護が整っている刑務所に舞い戻るのである。つまり、刑務所は「治安の最後の砦」ではなく、「福祉の最後の砦」として社会のセーフティーネットを代替しているといえます。

❖ホリエモンの刑務所グルメツイート

元ライブドアの代表取締役社長といえば、ホリエモンこと堀江貴文氏。

彼が刑務所に収監されてから数ヵ月が経過した頃、彼は外部のスタッフに手紙を出し、間接的にツイッターに近況を書き込んでいます。そこで話題になっているのが、刑務所グルメです。

収監されてからは贅沢な料理は食べられないようですが、それはそれで刑務所で出されるグルメを楽しんでいるようでもありました。堀江氏は刑務所で出された料理に関して複数の書き込みをしており、ツイッターに刑務所料理の解説と感想を書き込んでいます。

「食事に出てくるメンチカツは揚げたてジューシー。これマジうまい‼　肉屋の揚げたてメンチカツみたいな感じ」

「栗ご飯が出た。いやぁ、旬だねぇ。こういうところに敏感な官だよね」

「昼メシに梨がでた。皮付きだけど。それが残念だけど。梨って季節の味だよね、大好きなのに普通は皮付きでは食わんで。皮をむいて食べるよねぇ……普通」

「朝メシに麦メシと、とろろ芋（！）が出た。つまり、麦メシ山かけ丼の完成。パックの山かけではあるが、十分にウマイ。やっぱ、とろろには麦ごはんだよね！」

「刑務所では、でんぶがでるのだが甘過ぎて食べられない……。ご飯が半分以上残ってしまうよ」

長野刑務所に収容された堀江さんは次のように語っていました。刑務所内で開かれた運動会から戻ってシャワーを浴びると、夕飯がこれまた豪華！

「今日は外注の白飯！　しかも酢飯！　その上にでんぶと錦糸玉子がかかっているだけでなく、ガリまでついているので、プチちらし寿司気分を味わうことができる。おかずは、大根・人参・ブロッコリーの煮物、ミートボール、鶏唐揚げ×２、ミニ豚カツ、焼きそば、卵焼き、苺風味大福だった」

まさに運動会仕様！　さらにオヤツはロッテの『パイの実』、ブルボン『プチウエハース黒糖きな粉味』、ハウス『こんがりポテト』が出たそうです。

2

刑務所出所者の現状

❖刑務所受刑者の実態

出所後の生活を維持していくために活用できる公的制度やお金の管理方法は、入所前の生活履歴によって異なってきます。

私が刑務所内で指導を行うに当たっても、基本的なアプローチ（入所者の関心、指導レベル感、取り組み手法等）を定めるには、入所者の年齢、教育程度、職業等の情報をもとに、きめ細かく検討する必要がありました。特に満期釈放者に対しては、施設内で指導する職員等の数にも限りがありますし、外部から応援の手が差し伸べられているケースも少ないのが実情です。

このような現状の中で、ボランティアとして応援出来るのはファイナンシャル・プランナー（FP）です。FPには、「世の中の役に立つ」という大きな使命があり、出所者が再び刑務所の門をくぐらないよう、持っている専門知識を発揮して力を貸すことで社会貢献できるのです。

ここで、最近の受刑者について概観しておきます。

■新受刑者の罪名　平成30（2018）年（男性）
窃盗が33.6％と最も高く、次いで覚せい剤が25.2％となっています。

	入所者数	構成比
窃盗	5,551人	33.6％
覚せい剤	4,166人	25.2％
詐欺	1,681人	10.2％
道路交通法違反	825人	5.0％
傷害	604人	3.7％
暴行	113人	0.6％
傷害致死	75人	0.5％

（法務省「矯正統計年報」2018年　表番号18－00－18の資料をもとに著者作成。上位7位までのため100％に一致しない）

■入所者の学歴　平成30（2018）年（男性）
中学卒業というカテゴリーが最も高く、35％を占めています。刑務所入所者の３人に１人が中卒の学歴です。

	入所者数	構成比
小学校中退	15人	0.10％
小学校卒業	33人	0.20％
中学校中退	52人	0.32％
中学校卒業	5,824人	35.29％
高校在学	2人	0.00％
高校中退	4,189人	25.38％
高校卒業	4,719人	28.60％
大学在学	13人	0.01％
大学中退	610人	3.70％
大学卒業	928人	5.65％
不就学	6人	0.04％
不詳	112人	0.07％

（法務省「矯正統計年報」2018年　表番号18－00－34の資料をもとに著者作成。四捨五入したため100％に一致しない）

■入所者の年齢　平成30（2018）年（男性）
30歳以上50歳未満の年齢が入所者の50%近くになっています。世の中の一番の働き手である年代が一番多く入所しているのです。しかし、最近の傾向として60歳以上の高齢者の入所率も２割に近づき、入所者の高齢化が進みつつあります。

	20歳未満	20〜29歳	30〜39歳	40〜49歳	50〜59歳	60〜69歳	70歳以上
人数	8	5,148	8,765	10,662	8,215	4,821	2,965
割合%	0.02	12.6	21.60	26.27	20.24	11.88	7.31

（法務省「矯正統計年報」2018年　表番号18－00－06の資料をもとに著者作成。四捨五入したため100%に一致しない）

■入所者の職業　平成30（2018）年（男性）
無職が67%と７割近く、次に建設・土木関係となっています。最近の傾向として飲食物関係の増加が目立ちます。

	入所者数	構成比
専門的・技術的職業	177人	0.11%
飲食物	277人	1.68%
事務職	332人	0.20%
販売	119人	0.72%
サービス	220人	0.13%
自動車・運転	269人	1.63%
農林・漁業	161人	0.10%
土木	466人	2.82%
製品・製造	147人	0.89%
建設	914人	5.54%
運搬・清掃・包装	281人	1.71%
無職	11,119人	67.38%
不詳	31人	0.60%

（法務省「矯正統計年報」2018年　表番号18－00－32の資料をもとに著者作成。四捨五入したため100%に一致しない）

❖仮釈放と満期釈放の違い

刑務所を出ていくときには、「仮釈放」と「満期釈放」の二つがあります。

（1）仮釈放

「仮釈放」とは、懲役または禁錮といった刑罰を受け、その刑罰が執行され刑務所に収容された受刑者が、期間満了前に、一定の条件のもとに刑務所から釈放され、社会生活を営みながら残りの刑期を過ごすことが許されるという、刑事政策上の制度です。「仮出所」ともいいます。

仮釈放を決定するのは法務省所管の地方更生保護委員会です。本人の資質、生活歴、施設内における生活状況、将来の生活計画、帰住後の環境等とともに、悔悟《かいご》の情、再犯の恐れ、更生の意欲、社会の感情の四つの事由を総合的に考慮して判断し、保護観察に付すことが本人の改善・更生のために相当であると認められた場合に仮釈放となります。しかしあくまでも「仮」であり、刑の執行が停止されたわけではありません。保護観察を受けて遵守事項を守りながら生活をすることを条件に、残りの刑を過ごすことを許されるものです。

仮釈放は、懲役刑、禁固刑の場合は刑期の3分の1以上、無期刑の場合は10年以上たった受刑者が対象となります。

（2）満期釈放

満期釈放は、「刑期を終えて」出所するので、仮釈放のように保護観察のような継続的な社会内処遇の仕組みがありません。保護観察官や保護司による指導・援助を受けないまま、社会復帰を目指さざるを得ません。

下表の通り、仮釈放者は父母や配偶者、あるいは更生保護施設など帰住先が約97％確保されているのに対して、満期釈放者は「その他」の割合が非常に高くなっています。つまり家族や知人あるいは施設などの帰住先を持たない者が５割近くいるということです。

仮釈放が認められずに満期釈放となったということは、更生復帰のためになんらかの障害があることを意味します。その障害は、本人の資質、生活歴、施設内での行状、将来の生活設計、帰住後の環境などにあり、円滑な社会復帰をするためには、その障害を克服しなければなりません。

出所後、身元引受人がなく、帰る先のない満期釈放受刑者は、服役中の作業か

■出所時の保護別帰住先（男性）

	満期釈放者	仮釈放者
総　数	7,980（100%）	10.003（100%）
父母のもと	1,287（16%）	3,582（36%）
配偶者のもと	451（ 6%）	923（9%）
兄弟姉妹	289（ 4%）	547（5%）
その他親族	209（ 3%）	337（3%）
知人のもと	691（ 7%）	676（7%）
雇い主のもと	152（ 2%）	182（2%）
社会福祉施設	360（ 5%）	28（0%）
更生保護施設	408（ 5%）	3,468（35%）
その他	3,520（44%）	257（3%）

（法務省　「矯正統計年報」2018年　表番号18－00－84の資料をもとに著者作成。（ ）は全体に占める割合。四捨五入したため、合計は100％に一致しない。）
（注）満期釈放者に関しては、上記表に含まれない「自宅」として621人（8%）がある。

ら得た報奨金で生活しますが、その金額は一人一ヶ月平均４０００円ぐらいで、出所の際でも約４万円のお金しかありません。

引受人のない満期釈放者は、出所しても住む部屋もありませんし生活用品もありません。また衣類も購入しなくてはなりません。就職先も決まっていません。わずかな作業報奨金だけでは一ヵ月も生活できないでしょう。そのうえ、満期釈放者の多くは、２、３回以上服役歴のある中高年齢者がほとんどですから、健康と体力に問題のある人も多いでしょう。身元保証人がいなければ就職は難しいうえに、出所して間もない者と分かれば、まず断られるのが普通です。服役以前から、また服役中も多くの問題を抱える身元引受人のない満期釈放者に再犯率が高いことは十分予測されます。

再犯率が最も高い満期釈放者に対する再犯防止のための処遇は、制度的には矯正処遇が最終段階となっており、仮釈放者のように出所後に保護観察を受けるということはないのです。それだけに、再犯防止のために果たすべき刑務所の役割と責任は大きいといえます。

❖満期釈放者の高い再犯率と再犯防止の取り組み

平成25年12月に閣議決定された「世界一安全な日本・創造戦略」において、２０２０年のオリンピック・パラリンピック東京大会（２０２１年に延期）の開催を視野に、治安に関する７つの重点課題の一つとして「刑務所出所者等の再犯防止」が取り上げられました。

政府の再犯防止施策として「出所後２年以内に再び刑務所に入所する割合を今後10年間で20

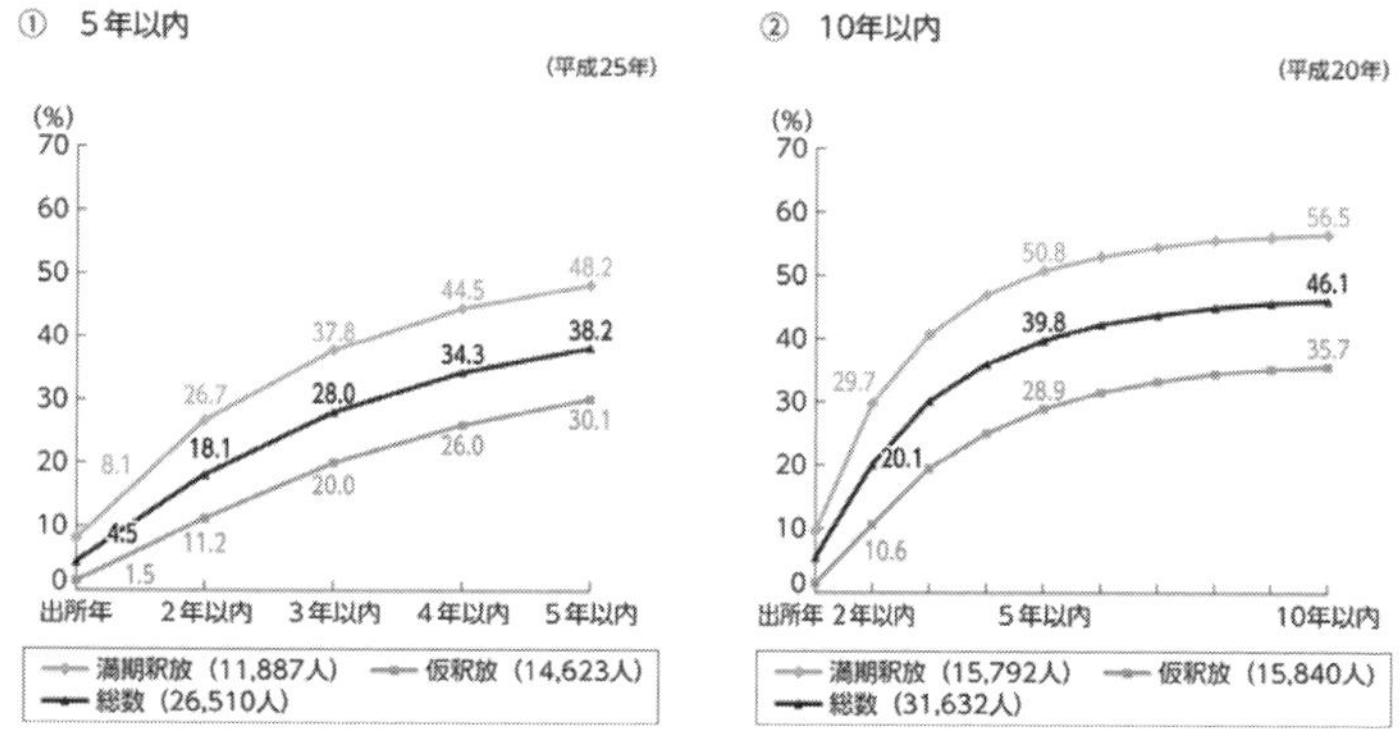

注　1　法務省大臣官房司法法制部の資料による。
　　2　前刑出所後の犯罪により再入所した者で，かつ，前刑出所事由が満期釈放又は仮釈放の者を計上している。
　　3　「再入率」は，①では平成25年の，②では20年の，各出所受刑者の人員に占める，それぞれ当該出所年から29年までの各年の年末までに再入所した者の人員の比率をいう。

出所受刑者の出所事由別再入所率（平成30年犯罪白書）

％以上減少させる」という数値目標が掲げられました。

この割合を具体的な人数で表すと、目標の基準となる再入率（平成18年～22年に刑務所を出た人が出所後の犯罪により2年以内に再入所する割合）は20％であるため、年間の出所者を３万人（平成24年は２万７４６３人）とすれば、２年以内に刑務所に戻る人の数は６０００人となります。これを20％減少させるということは１２００人以上の再犯を防止する計算となります。

上図は、平成20年及び25年の出所受刑者について、５年以内又は10年以内の再入率を出所事由別（仮釈放又は満期釈放の別をいう。以下この項において同じ）に見たものです。いずれの出所年の出所受刑者においても、満期釈放者は仮釈放者よりも再入率が相当高いのです。

平成25年の出所受刑者について見ると、総数の２年以内再入率は18・１％、５年以内再入率は38・２

%と、約４割の者が５年以内に再入所し、そのうち約半数は２年以内に再入所しています。

平成20年の出所受刑者について見ると，10年以内再入率は、満期釈放者では56・５%、仮釈放者では35・７%ですが、そのうち５年以内に再入所した者は10年以内に再入所した者のそれぞれ約９割、約８割を占めています。

このように満期釈放者の再犯率の割合が高い理由として、適当な帰住先がないために生活の基盤を作り難いこと、対象者の資質や前歴等の問題から就労が困難で安定的な収入を確保し難いことが挙げられます。

❖釈放前指導としての「生活設計・金融教育」

釈放前の受刑者に対しては、釈放後の社会生活において直ちに必要となる知識の付与や釈放後の生活に関する指導を行うことが法律で規定されています（刑事収容施設法第85条第１項第２号）。具体的には、法務省の釈放前指導の標準カリキュラム（刑執行開始時及び釈放前の指導等に関する訓令第７条第２項において準用する第５条第２項及び第３項）において、社会復帰の心構え等の項目に「将来の生活設計」、社会保障の項目に「年金・健康保険」が導入されています。

加えて、満期釈放者の円滑な社会復帰を促進することを目的として、満期釈放が見込まれる時期（刑期終了の２か月前）には、講義、講話、グループワーク及び個別面接など、多様な指導法が試みられています。

もっとも、「将来の生活設計」、「年金・健康保険」など、出所後の生活に直結する内容を刑務所内で指導・教育できる者の確保は、現状では必ずしも十分とは言えないようです。

満期釈放前の指導・教育について、現在は金融広報アドバイザーが府中刑務所で実施しています。同様の指導が全国の刑務所において求められていますが、そこでは専門知識を有するFPやDC（企業年金）プランナー、DCアドバイザーなどが活躍する余地があるのではないかと思います。

受刑者の多くは、学歴が低く、組織の中でも人間関係の中でも認められる機会が少なく、また経済活動を通して自立した生活を営むことができないように思われます。一方で、「出所したらやり直したい」「変わらなければいけない」という意思は強く持っています。しかし、実際どのようにすればよいのか分からないのです。

釈放前指導は、目標を自分自身で見出せるよう意識改革してもらうことをめざしています。「生活設計（お金と暮らし・保障と健康）」の指導アプローチとして、エンパワメントを取り入れた講義を行っています。

エンパワメント（エンパワーメントとも言う）とは、「自分のことは自分の意思で決定しながら生きる力を身につけていこうという考え方です。自分自身自ら『やればできる』と確信することです。そのために『あなたはできる』と信じて、本気でそのメッセージを伝えることです」（行動科学研究所パーソナル・エンパワメント・プログラムより）。

このような点を踏まえて、次に掲げるエンパワメントの基本的な6つのスキルをアプローチの基本としています。

①教えるのではなく、話しかける。
②自分自身で考えるために質問をする。
③答えたことを認める。
④誰でも知っている人物を例に話を進める（著名人、有名人、歴史上の人物など）。
⑤誰でも知っている事例を用いて講義する（一般的逸話など）。
⑥自分の体験を話す。

エンパワメントは、単に知識としてわかった。理解したということでは十分とは言えません。受刑者自身が自分でもこれはできる、やってみようと思う行動に対して背中を押すことなのです。

3

府中刑務所とそのルーツ

❖府中刑務所の源は石川島人足寄場

府中刑務所といえば３億円事件が思い出されます。昭和43年12月10日、東芝府中工場のボーナスを輸送中の現金輸送車に対し、偽装白バイに乗り警官に扮装した犯人が車を停車させ、「貴方の銀行の巣鴨支店長宅が爆破され、この輸送車にもダイナマイトが仕掛けてあるという連絡があったので調べさせてほしい」と言って銀行員を輸送車から降ろさせ、調べるふりをしてそのまま車に乗って走り去り、まんまと３億円を奪い取った迷宮入りの事件です。その舞台が、高い塀に囲まれた府中刑務所の北側、学園通りの路上でした。

府中刑務所

あの事件からすでに50年も経っていますが、その府中刑務所で平成19年３月から仮釈放前指導（生活設計）特別講義が始まり、私は金融広報アドバイザーとして講師に就きました。さらに平成25年３月からは満期釈放前指導の講義も行い、現在に至っています。

府中刑務所に初めて伺った時、当時の教育部長より、府中刑務所は池波正太郎の小説『鬼平犯科帳』で有名な長谷川平蔵が石川島に築いた「人足寄場《にんそくよせば》」にその源があると教えられ、大変興味を持ちました。

　刑務所の東門を入るとすぐに左側に細い通路があり、20～30メートルくらい進んだところに「寄場稲荷」があります。刑務官たちの官舎が立ち並んでいる東の端、通路に面して赤い鳥居があり、そこをくぐると直角に曲がった先にまた赤い鳥居があり、稲荷があります。その稲荷の側面（通路に面している）に「由来書」が掲額されており、石川島人足寄場鎮守の氏神様として、巣鴨監獄を経由して府中刑務所に遷座された経緯が記されています。

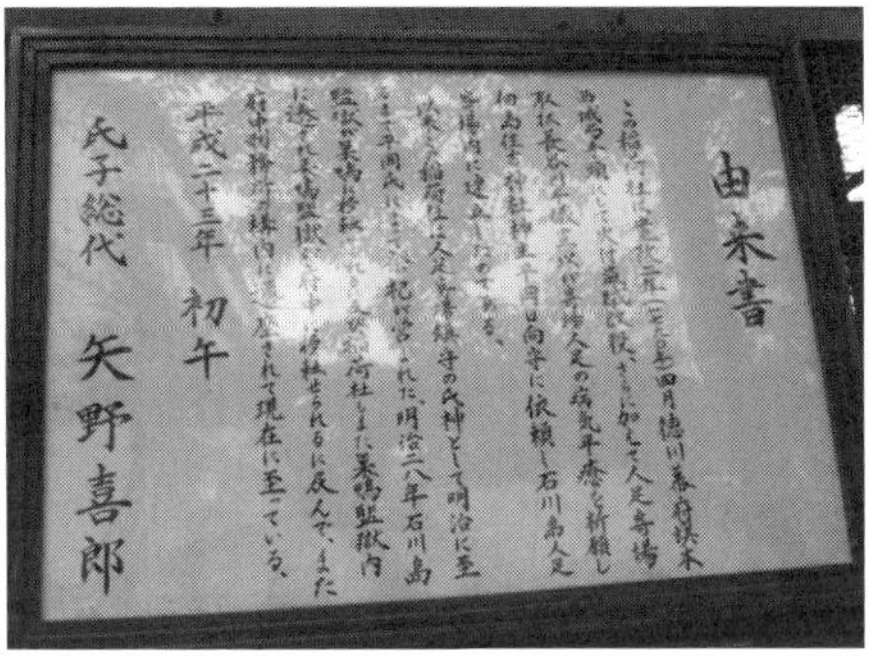

府中刑務所に掲額されている
寄場稲荷由来書

　この寄場稲荷は、長谷川平蔵が石川島人足寄場の敷地内に収容者の健康を祈って勧請したものです。無宿のならず者といえども、やはり日本人、かなわぬ時の神頼みで、病気になった人足から平癒を祈る神様、お社《やしろ》が欲しいとの願いを聞き入れ、隣の住吉神社の神主、平岡日向守に頼んで、茅葺の稲荷の小社を建てました。この「人足寄場鎮守の氏神」の祭礼の日は人足の作業は休みとなったようです。

　また、病気になった人足は平癒祈願のためにお百度まいりをしたようで、これを見ていた役人たちは、囚人たちにとってよい運動となり健康増進に役立つことを強調して、明治31年11月、この稲荷社の存続を刑部省へ伺い出ました。

結局、人足寄場が石川島監獄署になっても寄場稲荷の社殿は残され、石川島監獄署が巣鴨に移転した後は、巣鴨監獄内に稲荷も移設されました。そして、巣鴨監獄が府中に移転する際、府中刑務所内に稲荷社が建立されました。

❖石川島人足寄場は更生・自立を支援

日本の刑務所の源は、火付盗賊改方長官長谷川平蔵宣以《はせがわへいぞうのぶため》が老中松平定信に建言して、寛政2（1790）年に隅田川河口に創設した「石川島人足寄場《にんそくよせば》」であり、これが日本で一番大きな刑務所である府中刑務所のルーツといえます。

石川島人足寄場が設置される以前は、犯罪を犯した無宿人は佐渡金山に水替人足として送られる制度がありました。しかしこれは懲罰的要素が極めて強く、佐渡で命を落とす者も少なくありませんでした。

これに対して石川島人足寄場は犯罪者の更生、自立を支援するという側面が大きいものでした。収容期間は3年としていましたが、改悛《かいしゅん》が顕著な者は3年未満でも出所が許された反面、3年を過ぎても改悛の兆しが見えない者は寄場に留められていました。生活は男女別々の棟に雑居部屋生活で、手に職のある者はその職に就かせ、職のない者は出所後の更生に役立つ仕事をしていました。

人足たちには柿色地に水玉模様を白く染め抜いた衣類が支給され、この衣服を着たまま江戸の町に使いに出たため、江戸の人々は寄場人足のことを「水玉人足」と呼んでいました。1年を過ぎるごとに水玉の数は減り、３年目には水玉の無い柿色無地の着物を着ていました。収容者には階級が設けられ、成績と年数によって進級できるため、上級の者は他の模範となるように、下級の者は上級に進もうと努力をしていたようです。

作業は原則朝８時ころから夕方４時くらいまで、暑いときは毎日、通常は隔日に入浴もできました。節句、お盆の７月15日、16日、暮れの12月25日から正月の３日までの休みのほか、毎月１日、15日、28日が休日となりました。また、喫煙や煮炊きも許され、炬燵も設置されていました。

正月には雑煮、塩鮭、五月の節句には赤飯、寄場開設記念日（２月19日）、構内稲荷社の祭りにも赤飯、暑中には鰌汁《どじょうじる》、盆には素麺《そうめん》などの御馳走がふるまわれ、８月15日（中秋名月）、９月13日（後の月十三夜）の月見には団子汁を与えるという風流もありました。

このような行事は、府中刑務所をはじめ各地の刑務所にも引き継がれています。

人足たちが作った蝋燭、桶、竹笠、足袋などは販売していました。それが売れると、その収益の２割は寄場の運営費に充て、残りの３分の２を月に３回、10日ごとに人足に賃金として支払い、日常生活に使うことが許されました。そして３分の１は出所後の生活の元手として寄場で預っていました。

出所するには貯金が最低三貫文あることが条件となっていましたが、職に就く者には、寄場が保証人となったり、店舗又は農地を借り与えたり、開業資金の援助や職人道具の贈与も行われていました。これほどの手厚い保護は、現在の刑務所では行われていません。

長谷川平蔵は医療に関しては特に注意を払っていました。浅草の溜《ため》から移されてきた無宿者の多くが疥癬《かいせん》に罹っているのを見て、薬湯を設けて患者を入浴させました。また、寄場内に病人長屋を建てて重病者を収容し、町医者長谷川樹徳（内科）、河野道琳（外科）を常駐させ、医療に当たらせました。山本周五郎の小説「さぶ」では、足の脛を折って病人長屋に入れられた栄二を、同室の与平が親切に看病する様子が描かれています。

石川島人足寄場は、多様な職業訓練を実施した施設であり、我が国の公共職業訓練所の始まりともいえます。

❖刑務所作業製品を販売しているCAPIC

現在の刑務所でも、服役している受刑者が刑務作業の中で作った製品を展示・販売しています。それがＣＡＰＩＣ（Correctional Association Prison Industry Cooperation）です。

石川島人足寄場の流れをくむ府中刑務所には敷地内におよそ40か所の工場があり、約２５００名の受刑者が、販売品や受注品等を含め１００～２００種類の製品を作っています。製品は、職業技術を身につけている作業専門官の指導を受けながら作られています。府中刑務所のＣＡＰＩＣは刑務所の敷地内ですが、入口は一般の通りに面しているため、だれでも購入することができます。

靴、木工製品（テーブル、チェスト等）、陶器、ガラス製品、石鹸、便箋、封筒、ガーデニング用品、おもちゃ等全国の刑務所で作られた製品が約５０００点展示されています。ブルースティック（石鹸）、友禅メモ帳、便箋、まな板、そば殻枕、ふた付き木製箱などが人気製品だそうです。私も娘に頼まれてよくブルースティックを購入しています。孫が野球で泥だらけになったユニホームの汚れがよく落ちると評判のようで、野球仲間の主婦たちも購入しています。

刑務所作業製品は、高品質で安価な製品が多く、丈夫で長持ちするためリピーターが多いとのことです。製品を購入した人が10年後に同じものを求めてくることもあるそうです。全国のスーパーなどで開催されるＣＡＰＩＣ展も大変人気があるとのことです（友人の元スーパーの店長談）。

ＣＡＰＩＣは全国にありますが、東京都内の常設展示場は府中と中野の２ヵ所です。中野は中野刑務所跡地の平和の森公園の中にあります。

毎年11月３日（文化の日）に府中刑務所で文化祭が行われます。この日は、受刑者がＣＡＰＩＣ製品を作っている作業場の見学ができるほか、受刑者が日頃食べている食事を食べることができたり、刑務所内で作られたパンを買うこともできます。もちろんＣＡＰＩＣ製品も展示・販売されます。

府中刑務所CAPIC

4 変わり始めた刑務所

❖府中刑務所には自動車整備工場がある

日本一のマンモスプリズン府中刑務所には、敷地内におよそ40か所の工場があり、約2500名の受刑者が刑務作業に就いています。工場で作られているものは100から200種類にもなり、受注製作のものや販売品などさまざまです。

ここには自動車整備工場まであります。刑務所の所在地名を付けた「晴見自動車整備工場」の整備士は全て受刑者です。刑務作業として職業訓練を受け整備士免許を取ることもできます。府中刑務所で初めて2級整備士免許を取得した浅沼誠一氏（仮名）が、自らの体験と社会復帰についてのレポートがインターネット

府中刑務所の刑務作業の詳細

自　営	炊事、洗濯、営繕など
木　工	収納家具等の製作、小物製品製作、幼稚園・教会・老人ホーム等の備品製作
印　刷	各種帳票類印刷、名刺、挨拶状等印刷、月刊誌・季刊誌印刷、冊子・頁物印刷
洋　裁	子供服・婦人服・布バック等縫製
金　属	金属部品加工・組立、車検整備、板金塗装、洗車
革　工	革小物製作
その他	玩具紙袋加工、メラミン食器製作等、各種封入作業
職業訓練	窯業科、情報処理科、小型車両系建設機械科、木工科、自動車板金塗装科、自動車整備科（2級・3級）

上に掲載されています。少し長くなりますが、とても貴重な体験が書かれています。

「塀の中の自動車工場――府中刑務所の『晴見自動車整備工場』の全貌」

平成9（1997）年、覚醒剤及び窃盗の罪により判決5年もの刑を裁判官に言い渡された時には、あまりの刑期の長さに正直、足元が揺らいだ。

横浜刑務所で分類にかかり、帯広刑務所で刑期を務める事になった。小田原拘置所までは毎日面会に来てくれていた女房が、横浜の確定房にいる時は面会に来なかった。留置場にいる内に娘が産まれ、俺は気がかりを横浜の自宅に残したまま、帯広刑務所に送られた。横浜刑務所に来ない女が北海道まで会いに来る訳もなく、俺は返事の無い相手に手紙を書き続けた。

刑務所には、今いる所から自分の行きたい刑務所に移る方法が一つだけある。職業訓練の募集に乗る事だ。条件はただ一つ。現役のヤクザではないこと。今は勿論、組織の人間ではないが、当時、盃を貰っていた親分がある組織を破門になったことで、末端の若い衆まで処分となり、俺自身のバックボーンも無くなり、カタギの身分になっていた。

素行の良い者かどうかも篩《ふるい》にかかる要素の一つで、新入4日目で担当の胸座《むなぐら》を掴んで懲罰を喰らっていた俺に、あまり目があるとは思えなかった。

ある日の朝礼で、担当が「3級整備士の資格に挑戦したい者はいるか？」と聞いた。川越少年刑務所と府中刑務所からの募集だった。川越の募集は30歳までと年齢制限があった。一方の府中にはそれが無かった。「東京に行けば娘に会えるかもしれない」――その一心で願箋を書いた。その年の4月、俺は府中刑務所の自動車工場にいた。

そこは、全国の刑務所で8ヵ所だけある自動車整備を行っているうちの一つで、名前を『晴見自動車整備工場』という。国土交通大臣指定のれっきとした整備工場だ。職業訓練等に参加すれば、ただでさえ住み辛い刑務所が余計に住み辛くなる。

「お前たちは自分で願箋を書き、自分で希望してここに来たんだ。国のカネで資格を取らせてもらうことを有難いと思え」。それが担当の決まり文句だった。「馬鹿だ」「アホだ」と罵詈雑言を浴び、国家のカネを使っているという理由で、作業報奨金だって当たり前の8割しか貰えない。それでも、娘と同じ関東にいることが嬉しかった。もっと言えば、犯罪者というレッテルを張られた自分が、国家資格によって自動車整備士という座布団を貰ったことに感動した。

1年間職業訓練を受け、俺は3級整備士の資格を取った。資格証明書には、当時の国土交通大臣だった扇千景の名前が入っていた。

自動車整備の仕事をするには、色々な資格が必要になってくる。板金にはガスやアークの溶接が欠かせない。整備にはエンジンを吊るホイストや玉掛も必要だ。動かない車を持ち上げるにはフォークリフトも使いたい。その全ての資格を、俺は刑務所の中で取得した。

俺は残刑の4年を府中で暮らし、満期で社会に復帰した。だが2年後、再び窃盗罪により警察に捕まってしまう。駆け付けた警察官に発砲されながらも、4年の刑で済んだ。どんな社会も、最後まで礼を尽くしていった者には優しい。

前刑の受刑態度を気に入ってくれていた職員の引きによって、俺は再び府中刑務所の晴見自動車整備工場の扉を開けた。資格マニアと言うには余りにもハードルが低いが、刑務所の中にいても自費によって挑戦できる資格が幾つかある。代表的なのは簿記と珠算。中学校だって真面目に卒業していない俺は、簿記とは何かも知らなかった。「簿記って何だろう?」。きっかけは単純にそれだけだった。初めは４級を受けた。３ヵ月の勉強で合格した。次は３級だ。半年かかった。４年の刑で再入した割には、幾らでも時間があった。

毎年、全国の刑務所から訓練の募集に乗って来る人間が10名程いる。その中で、懲罰を受けていなくなるのが必ずいる。その年は４名が喧嘩でいなくなった。

刑務所としては、予算が余るのは良くない。翌年は、今年かかった予算を元に計算されるからだ。

浮いた予算を活かし、工場の技官から「２級整備士に挑戦しないか?」という話があった。２級整備士になるには、３級を取ってから２年の実務経験がいる。俺には前刑から合わせても、晴見自工だけでその実務経験が間に合った。俺は初めて晴見自工で２級整備士の訓練生となった。元々、暴走族で改造車が好きだった俺は、エンジンを突つきたくて車検の係になった。しかし、慣れてくれば、代わり映えのしない毎日に嫌気が差していた。

そんな頃、俺に２級を取ることを薦めた技官が、「レースで走るオートバイの塗装をしてみないか?」と持ちかけてきた。俺はその仕事に飛び付いた。俺が塗ったオートバイはレースで優勝し、月刊『ライディングスポーツ』に掲載された。優勝したバイクには《府中刑務所》のステッカーが貼ってあった。それを見た自動車雑誌『Cada』が、創刊準備号で『塀の向こう側にある自動車整備工場』という特集を組み、俺の後ろ姿が誌面に載った。

　更に、それを見た日本テレビが夕方ニュースの特集で取材に来た。俺はピンマイクを付けられ、得意になって笛吹雅子キャスターにインタビューを受けた。平成19（2007）年、俺は2級整備士の資格を手に入れた。

　その後は販売士の資格を取った。だが、カタカナが全く頭に入らなかった。自動車工場では、雑居（房）で生活することを条件にされる。英語のヒヤリングは独居者のみの特権だが、俺は教育課との長い交渉でどうにか英語の通信教育を受け、CDプレーヤーも手に入れた。勉強のふりをして、教材の中のサッチモやダイアナロスを繰り返し聴いた。英検の3級も手に入れた。最後に務めた2年では、簿記も2級になった。資格に挑戦することでの一番のメリットは、他人のホラ話を聞かずに済む事。それに尽きる。

　兎に角、刑務所の中は話が大きい。やれ「何億盗んだ」だの「何kgシャブを捌いた」だの、挙げ句の果てには見るからに手術の痕を「刺された傷だ」と言い張る。ウンザリすることも多いのだ。ただ、ボケーッと務めても同じ刑期、頑張って務めてもまた同じ。通算18年間の刑務所暮らしが俺の人生から抜け落ちるなら、俺は何かに挑戦していたかった。

　結局、娘に会う願いは叶わなかったが、最終的に14個の資格を取得した。それでも、現実はどうだ？　52歳になった俺に、資格を生かせる仕事の当ては無い。自動車整備士の履歴書とも言える整備士手帳には『晴見自動車整備工場』と明記してある。見る人が見れば、府中刑務所にいたことは一発でわかる。インターネットが普及している現在、個人の過去を暴くことも簡単だ。俺のような犯罪者には、前科を隠して働ける場所なんて結局、何処にも無いのだ。（文そのまま掲載）」

整備や車検、それに洗車が安いということで、知る人ぞ知る晴見自動車整備工場。その整備技術は申し分ないというが、浅沼氏の２輪レーサーの塗装体験は、聞くところによると大変だったようだ。「Cada の記事にもありますが、完成品を送っては送り返され、何度もやり直しました。４度目にショップの代表者に『こんなものに選手の命は乗せられない』と言われた時は、悔し泣きしました」（浅沼氏）。しかし、その経験は浅沼氏にとって大きな自信になったという。「後は自動車工場のメリットとして、毎日風呂に入れることですね（通常の刑務所では、夏季は週３日で冬季は週２日）。担当の先生や技官には本当に世話になりました」。

❖刑務所に車を預けて車検ができる

府中刑務所では、刑務作業という懲役刑として、受刑者の矯正及び社会復帰を図るためさまざまな作業をしています。その一つに自動車整備士養成があります。そして、一般の人からの車検整備も受け付けています。

車の整備を指導している刑務所職員は検査員資格を持っていますし、最終確認も職員が責任を持って行っています。例えば、車検点検整備の際にはブレーキパッド残量を確認しますが、普通なら残量の有無を確認して終わりですが、ここではブレーキパッドを一度分解、清掃してから点検するそうです。

しかも、納車時には洗車、WAX掛け、車内清掃、下回りのスチーム洗浄、シャーシブラック（錆止め）までしてくれるようです。刑務所の職員は国家公務員ですから、キッチリ監督し、技術的にも問題はありません。それどころか、手抜きなんて許されない環境ですから、普通の整備工場よりきちんとした整備を受けられるのかもしれません。

また府中刑務所では、日産自動車の技術者が受刑者に技術指導をしており、これが話題になりました。一般の民間車検場にメーカーの技術者が直接指導にくるなどということはまずありませんから、そのことだけでも刑務所での車検がハイレベルで行われていることが理解できると思います。

車検の費用は、車種によっても整備項目によっても大きく違います。タイヤ交換なども必要がなく通常の整備であれば、一般的には普通車で8万円～15万円程度がおおまかな目安でしょう。では、府中刑務所での車検費用はどれくらいなのでしょうか？

重量税や自賠責保険料などの法定費用を含めた総額の支払いでも、一般の車で6万5000円程度、エコカーなら5万5000円程度で済むようです。つまり、ディーラーや民間車検場にくらべて1万5000円～8万円程度は安いようです。

刑務所車検は、営利目的ではないので基本的に部品持ち込みもOKのようです。もちろん違法改造だったり粗悪な部品は駄目なことは言うまでもありません。

デメリットをあげるとすれば、作業期間は4～5日と少し長めになることでしょう。なぜならば、技術指導をしながらの作業になるのと、作業を確認しながら進めるため時間がかかるのです。しかし、丁寧であり確実です。

ただ、刑務所の敷地の中へ車を入れるため、厳しいチェックがあるので、私物は全て取り除いておく必要があります。タバコやライター、カッターナイフなどが受刑者の手に渡ると大問題となるためです。基本的には日本車であればどのメーカーでも大丈夫とのことですが、これはきちんと技術の知識のある車でしか出来ないということでしょう。また、代車の手配はありませんし、支払いは現金のみ、土日祝日は出入りできないなど少々不自由な点もあります。

車検以外にもタイヤ交換やオイル交換、エンジン調整などの一般整備、鈑金・塗装もしてもらえるようです。きちんとした整備を格安で受けられて、さらに社会貢献までできる刑務所車検は、府中刑務所のほか、函館少年刑務所、盛岡少年刑務所、川越少年刑務所、市原刑務所、神戸刑務所の全国５つの刑務所で実施しています。

このサービスを受けることができるのは６ヵ所（令和二年四月現在）の刑務所の近くに住んでいる人だけに限られていますが、機会があれば試してみるのもよいでしょう。

❖新しいタイプの刑務所ＰＦＩ

犯罪の増加と厳罰化によって各地の刑務所には過剰収容の問題が生じてきました。そして国や地方自治体の台所事情も非常に厳しくなっています。そういった状況を解消するため、民間にできることは民間に任せ、官の負担をできるだけ少なくしようとする大きな流れがあります。

刑務所についてもこうした考え方が導入されました。

PFI刑務所とは、民間の経営能力や技術を活用し、公共施設を建設したり運営したりするPFI（Private Finance Initiative）方式の刑務所です。

PFI方式による社会復帰促進センターは、「国民に理解され支えられる刑務所」という基本理念のもと、刑務所の運営に地域の人材や資源を積極的に活用するなど、地域との共生による運営を目指すとともに、「監獄法」が改正され、平成18（2006）年5月に施行された受刑者の権利保障を手厚くする「刑事施設及び受刑者の処遇等に関する法律」の適用により、PFI刑務所の導入が図られました。

平成19（2007）年4月、わが国最初のPFI型（官民共同）刑務所として、美祢《みね》社会復帰促進センター（山口県美祢市）が事業期間20年の契約で開所しました。アメリカやイギリスのようにすべての業務を民間業者が運営する「民間刑務所」ではなく、公務員である刑務官と、民間職員が共同して運用する「混合運営施設」の方式を採用しています。名称には刑務所の名前がつかず、「美祢社会復帰促進センター」となっています。

この施設は、刑罰権の行使に係る業務は刑務官が行い、その他の業務（施設の維持・管理、食事の提供など）に関してはSPC（特別目的会社）の社会復帰サポート美祢株式会社が担当します。この会社にはセコム、日鉄エンジニアリング、竹中工務店、清水建設、日本ユニシス、日立製作所、小学館集英社プロダクション、佐藤総合計画、梓設計が出資しています。また、武器や手錠等の特殊な物品を除いた施設など、ほとんどの設備・物品の所有者は民間事業者です。

美祢社会復帰促進センター

「民間の手を借りる」と、よく民営化と思われがちですが、ＰＦＩ手法では、最終的に意思決定をしたり責任を取ったりするのは官であり、いわゆる民営化とは異なり、一部民間委託に過ぎないが、日本における刑務所改革の一つとして、注目されています。

従来の刑務所のように鉄格子のついた居室、自由がない、光がないといった刑務所のイメージと異なり、楽園と呼ばれる刑務所です。ここには、男女両方の受刑者が収容されています。広大なセンター敷地内には、私立保育園や一般向けの食堂も設置されています。地域との共生を図ることで、受刑者の社会復帰を促進しています。

また、面会や診療の際に、受刑者が職員の付き添い無しに一人で移動できるシステムもあります。これを可能にしているのがＩＴを活用した「位置情報把握システム」です。受刑者に無線タグを装備し、リアルタイムに位置情報を把握します。又、生体認証装置によって所在確認などを行っています。

美祢社会復帰促進センターでは、特に現代社会に必須のパソコン技能の習得に力を入れています。受刑者の「社会復帰の促進」にも有効である刑務作業は、企業からの作業提供に支えられ、人件費の削減という大きなメリットも考慮し、地域企業に積極的に刑務作業の活用を促しています。

美祢センターに続き、２００７年10月に「播磨社会復帰促進センター」（兵庫県加古川市）及び「喜連川《きつれがわ》社会復帰促進センター」（栃木県さくら市）が開設されました。この２つの施設の物品の所有者は最初からすべて日本国政府でした。

「播磨社会復帰促進センター」には、介護科（ホームヘルパー２級）、点訳科のほか、大林組の指導で建設機械科（クレーン）、建築科（玉掛け）、フォークリフト運転科などのコースがあり、「喜連川社会復帰促進センター」では、公的資格の促進として、調理師、クリーニング師、介護職員初任者等、ビルクリーニング技能士のほか、ＰＣ関連研修も行っています。

２００８年10月には、「島根あさひ社会復帰促進センター」（島根県浜田市）が運営を開始しました。この施設では、理容科、調理科、建設機械科、情報処理技術科、介護福祉科など職業訓練のコースが複数あります。

他の施設と違った訓練として、神楽面《かぐらめん》制作科、点字翻訳科、岩見焼《いわみやき》科、石州和紙《せきしゅうわし》制作科、音訳科そして盲導犬の世話をする科など、就職につながるとは思われない科があることです。

官民共同の効果として、民間のノウハウに施設管理・警備・作業・教育・分類などの運営が可能になったことから、一般の作業施設と比べて刑務官の負担が大きく軽減され、本来の業務である受刑者処遇に専念できるようになった点が大きいです。

ただし、この4つのPFI型刑務所に入所できるのは「犯罪傾向が進んでいない受刑者」に限られています。初犯者や刑務所に初めて入る者でなければならず、何度も刑務所に出入りしている者は入所できません。また美祢社会復帰促進センターと播磨社会復帰促進センターは「心身に著しい障害がなく、集団生活に順応できる者」を条件にするなど、「選ばれし者」のみのため、通常の刑務所よりも再入率は低くなっています。

収容棟はすべて個室（独居）となっているのが特徴です。テレビやテーブルがあり、センター内の移動も就寝時間以外は基本的には自由になっています。センターは、コンクリートの外塀や鉄格子がなく、外観からは刑務所に見えず、地域に開かれたセンターで、近隣住民がセンター内の食堂を利用し、受刑者と同じメニューで注文ができます。

新しいタイプの刑務所である社会復帰促進センターは、更生保護の在り方としてPFIの手法を活用するなどして民間の活力を活用する側面および社会復帰の際に必要となる技術や知識、意欲の向上という側面から見ても、今後その役割と機能が大いに注目されている社会資源の一つと言えます。

２０２０年に新型コロナウイルスが感染拡大したとき、使い捨てマスクが品薄状態になったことを知った美祢社会復帰促進センターの受刑者が布マスクの製作を始めました。刑務作業を提供している衣服メーカー「アルベラ」（愛媛県）が協力し、同社で裁断した生地を受刑者が電動ミシンで縫い合わせ、耳当てを付けて作ったもので、洗剤で洗えば繰り返し使えます。この布マスク約１８００枚を美祢市を通じて市内の全公立小中学校18校の児童や教員に配布しました。

❖従来の刑務所とＰＦＩの相違点

刑務所における受刑者処遇の目的は、個々の受刑者の資質及び環境に応じて、改善更生を図り、円滑に社会復帰させることにあります。刑罰の執行を担当する刑務所においては、一人でも多くの受刑者が健全な社会人として地域社会に戻ることが出来るよう、様々な教育的な取り組みを行っています。

刑務所では、受刑者を性別、犯罪傾向、刑期、年齢などで分類し、同じような類型に属する受刑者が一つの刑務所に集まるように配慮されています。

受刑者は、次のように分類されています。

《性、国籍、刑名、年齢などによる処遇指標》

Ｗ　女子

Ｆ　日本人と異なる処遇を必要とする外国人

Ｉ　禁錮に処せられた者

Ｊ　少年

Ｌ　執行刑期10年以上の者（２０１０年４月より８年から引上げ）
ｙ　26歳未満の成人
Ｍ　精神障害者
Ｐ　身体上の疾患または障害のある者（医療刑務所または医療重点施設への収容を必要とする者）
Ｔ　専門的治療処遇を必要とする者のうち一般行刑施設に収容される者
Ｓ　特別な用語的処遇を必要とする者のうち一般行刑施設に収容される者

《犯罪傾向の進度による処遇指標》
Ａ　犯罪傾向の進んでいない者（初犯者。ただし、暴力団の関係者は初犯でも再犯と同等の［Ｂ］に分類される）
Ｂ　犯罪傾向の進んでいる者（再犯・累犯）

刑務所における受刑者の日常生活については、施設ごとに正確な時刻などは異なっていますが、平均的な流れは共通しています。刑務所内の工場での作業は、木工、金属、洋裁など様々なものがあり、食事を作る調理場（炊場）や衣服を洗う洗濯工場などもあります。職業訓練を受けている受刑者もいます。８時間の作業時間中に運動や入浴も行われています。受刑者の入浴は週に２～３回、入浴時間は15分程度です。

刑務所で行われる作業は、「服務作業」と呼ばれ、刑務所の処遇の中核を占める重要なものです。

受刑者が疾病にかかったり負傷した場合は、施設の医師が診察、治療を行っています。施設には常勤又は非常勤で医師、歯科医師、薬剤師、診療放射線技師、臨床検査技師、看護師、准看護師が配置されています。施設内で適当な治療を施すことが出来ない場合は、外部の医療機関に通院、入院することになっています。

受刑者は、服役を開始した時点で4級に位置付けられ、その後、所内での服役状況に応じて、3級、2級1級と累進級が上がっていきます。仮釈放が見込まれる者には約2週間、刑期満了による釈放日が近づいた者には約1週間、鉄格子のない一般住居に近い居室に収容され、日常生活に近い環境の中で自立した生活を行います。また、出所後の生活環境についての調整も、出所後円滑な生活を営むことが出来るよう、出所前に行われています。

PFI社会復帰促進センターに収容される受刑者は、概ね26歳以上55歳以下で（高齢の受刑者の入所は難しい）、特に男子受刑者については、入所前に安定した就労状況にあった者、帰住環境が良好な者で、平均刑期は1年半と比較的刑の軽い者が対象となっています。

この新しい刑務所は、外観からは刑務所とは思えない施設となっています。具体的には、刑務所がコンクリートの高い塀で囲まれているのに対し、PFIは地域の景観に溶け込んだ造りとなっています。受刑者の居室も既存の刑務所と比べ格段に快適だとのことです。

施設警備についても、既存の刑務所では活用されていないITを積極的に活用しています。具体的には、受刑者が施設内のどこにいるのか、どこに移動しているのか、といった位置情報が把握できる電子タグを活用しています。また、ドアの開閉がコントロール・ルームで行われていますし、受刑者の個人情報をデータベースとして供用し、効率的な業務を行う取り組みが行われています。

また、医療体制も従来の刑務所とは異なります。刑務所の診療所は魅力ある職場とはいえないため医師の確保に苦労しています。ＰＦＩ社会復帰促進センターでは、収容されている受刑者は比較的健康状態も良いことから、内部には応急処置のできる水準の医療施設を作り、対応できない病気などの場合は近隣の医療機関に搬送するなど、外部委託を取り入れています。

美祢社会復帰促進センターでは、退所後の安定した就労を目指し、民間団体による「キャリアガイダンス」を実施しています。毎週１回３・５時間、12回ワンクルー、１クラス30～45名で、民間のキャリアコンサルタントが講義する形式で行われています。講義内容は、出所に向けての就労意欲向上を目指したもので、そのために必要となるパソコンなどの技術習得も目指しています。

❖ネットストア開設のための職業訓練スタート

法務省は美祢社会復帰促進センターで、受刑者を対象としたネットストア開設・運営に関する職業訓練を２０１８年６月19日に開始しました。２０１８年度は男性受刑者５人を対象に実施、２０１９年度は10人の女性受刑者に職業訓練を実施しました。

今回の事業は、ＳＰＣ（特別目的会社）の通常の運営予算の中で行われる事業です。法務省、美祢市、小学館集英社プロダクション、ヤフーの４者が連携し、出資企業である小学館集英社プロダクションがヤフーから教育コンテンツなどの提供を受け、職業訓練業務を行います。

訓練では4ヵ月にわたり受刑者に電子商取引の開設・運営を実践的に指導します。その一例が、美祢市の道の駅「おふく」のヤフー・ショッピング用ストアサイトを実際に改善・運営するカリキュラムです。受刑者が美祢市の特産品の販売サイトを運営するのです。美祢市の特産品などの地産外商（その地域の生産物を地域内外に積極的に売り込む活動）を推進することで、地方創生にも貢献することになります。

また、社会・職場へのスムーズな適応、就労の継続を実現することが再犯防止につながります。そのためには、eコマースを学び、ネットリテラシーやコミュニケーションについても訓練しているのです。

ヤフーの担当者は「eコマース市場は、急速に成長している一方で、ストアを運営するスキルを持った人材が不足しているのが現状。ヤフーは、1996年のサービス開始以来『情報技術で人々や社会の課題を解決する』ことをミッションに掲げており、この事業が人材不足という課題に対する解決の一助となればと考えている」と話しています。

5
監獄がホテルに生まれ変わる

❖明治の五大監獄は西洋のお城のような建物

明治34（1901）年に建築がスタートした奈良監獄を皮切りに、明治40（1907）年竣工の長崎監獄、金沢監獄、千葉監獄、明治41（1908）年竣工の鹿児島監獄と、ほぼ同時期に監獄の運営が開始されました。この5つの監獄を「明治五大監獄」と呼びます。

五大監獄を設計したのは山下啓次郎さんです。ジャズピアニスト山下洋輔さんの祖父で、監獄建築家として司法省に勤めていた方です。五大監獄は、どれもレンガや石造の、まるで西洋の城門を思わせる「美し過ぎるほどの監獄」です。

明治政府にはこのような立派な監獄を作らなければならない理由がありました。日本が近代的な法治国家として諸外国と対等に渡り合える国になったことを内外に示す必要があり、その一つとして、諸外国に劣らない近代的な監獄や法制度の整備が進められたのです。

一方、当時は外国人を日本の法律で裁くことができませんでした。幸い、明治五大監獄の完成を待たずして不平等条約は撤廃されましたが、明治五大監獄が日本の近代化と、その後の多くの受刑者の更生と再犯防止に貢献したことは疑う余地はありません。

　しかし120年あまりの月日が経ち、監獄は老朽化によりその役割を終えていきました。長崎監獄は大半が取り壊され正門だけが保存されています。金沢監獄は跡地が金沢美術工芸大学となっており、正門など施設の一部は博物館明治村（愛知県犬山市）に移築されています。千葉監獄は今は千葉刑務所ですが、正門と本館が保存されています。鹿児島監獄は跡地の大半が鹿児島アリーナというスポーツ施設になっていますが、ここも正門が現存しています。

　この4つの監獄と異なり、旧奈良監獄はかつての姿を完全に留めています。

　大正11（1922）年に奈良監獄は「奈良刑務所」と名称を改められます。そして太平洋戦争終戦後の昭和21（1946）年、「奈良少年刑務所」となり、戦後の混乱期に起こった少年犯罪への対応に注力し、平成28（2016）年に廃止されるまで刑務所として機能していました。

　大勢の観光客が訪れる奈良公園や東大寺から北に歩いて約20分。閑静な住宅街の中に突如、赤レンガ造りの壁や大きな表門（正門）が現れます。上部がタマネギのような形をした門柱やアーチ状のデザインが目を引くこの建物が旧奈良少年刑務所（奈良監獄）です。歴史的価値が高く、意匠的にも優れた近代建築であるとして、この建物は2017年2月に重要文化財に指定されています。表門をくぐると、広々とした中庭と、その奥には刑務所の庁舎が見えます。

旧奈良監獄表門（正門）

旧奈良監獄庁舎正面（星野リゾートHPより）

❖奈良監獄がホテルに

欧米などでは、裁判所や刑務所などの歴史的建造物を保存し、ホテルとして活用している事例が複数ありますが、日本にもユニークなホテルが誕生しそうです。

旧奈良監獄保存活用株式会社は、平成29（２０１７）年12月に法務省との間で締結した公共施設等運営事業実施契約に基づき、旧奈良監獄の赤レンガ建造物の耐震改修工事をはじめ、史料館や商業施設といった複合施設の開業準備を進めています。

奈良公園観光地域活性化総合特区において推進している事業の付帯事業として「上質な宿泊施設」の運営について協力事業者を募集した結果、星野リゾートが協力事業者として選定されました。この複合施設は２０２１年内の運営開始を目指しています。

国の重要文化財にも指定された歴史的な建

旧奈良監獄中央看守所（提供：星野リゾートHPより）

物が、わが国初の「監獄ホテル」に生まれ変わります。令和の監獄収容者は、囚人から観光客に変わることになります。歴史的建造物をホテルにコンバージョンし、これを観光資源として位置付け、保存しながらホテルとしても活用する一石二鳥の発想です。

　星野リゾートは平成29年4月16日、都内で定例プレス発表会を開催し、「旧奈良監獄」のホテル改修案件について説明しました。席上、星野リゾート代表の星野佳路《よしはる》氏は、「急ピッチでスタートさせている」という本案件について、現地を訪問した際、「本当に特徴のある重要文化財の施設」であり、「この個性をどう活かすか」を考えてプロジェクトを進めていると説明。「監獄の独房に快適に楽しく宿泊していただける施設になるように、一所懸命に取り組んでいる」と話していました。

❖歴史と文化を未来につなぐ「体験型複合施設」が誕生する

「監獄ホテル」には、宿泊・食事・ショッピング・音楽・エンターテインメンツが揃い、まるで〝一つの街〟のような空間として整備されます。

①３つの宿泊スタイル、②建築行刑資料館、③レストランエリア、④商業テナントエリア、⑤天然温泉の温浴設備、⑥コミュニティ空間、⑦イベントスペースなど、人々の趣味嗜好が多様化された時代に合わせ、興味・関心のきっかけを幅広く用意し、より多くの人に、日本の行刑・矯正と近代化の歴史を伝えていこうとしています。

「監獄ホテル」は、２０１７年８月から改装工事などが始まっています。まず３つの宿泊スタイルを紹介しましょう。

①文化財リノベーションホテル（約１５０室）

重要文化財の旧監獄をリノベーションし、独居房や雑居房を「客室」とするようです。歴史的な重厚さは守りつつ、〝ホテルとして快適空間〟を提供するとのことで、『生きた歴史』を未来へ繋ぐ体験型宿泊空間」というのがコンセプトです。

②新設ホテル

敷地西側の運動場の辺りに建てられる新設ホテル（3階建て程度、約80室）からは、収容棟などが一望できるそうです。重要文化財を眺める特等席であること。既存棟との関係性を重視し、さまざまな方向から美しいレンガ建築の建物を眺められるビューを確保すると共に、このホテ

真上から見た奈良監獄
中央の看守所から5つの収容棟が放射状に配置されているのがわかる

ル自体が施設全体の景観を高められるデザイン性を持たせるようです。コンセプトは「歴史を見つめ、歴史を紡ぐ、新時代のステージ」。

③無印良品が運営する「簡易宿泊型ドミトリー（MUJI HOSTEL）」（約60床）。

国内外で広く知られる「無印食品」ブランドのホステルが表門のそばにある医務所の辺りに設置されます。キッチンなどを完備し、長期宿泊に対応すると共に、文化的コミュニティを育むカフェバーや、工房・アトリエなども同時に整備し、アート活動や伝統工芸体験を支援していきます。コンセプトは「世界中の若者を刺激する文化と多様性の体験拠点」とされています。

旧奈良監獄が担ってきた役割と、日本の行刑・矯正の歴史を伝えていくための「建

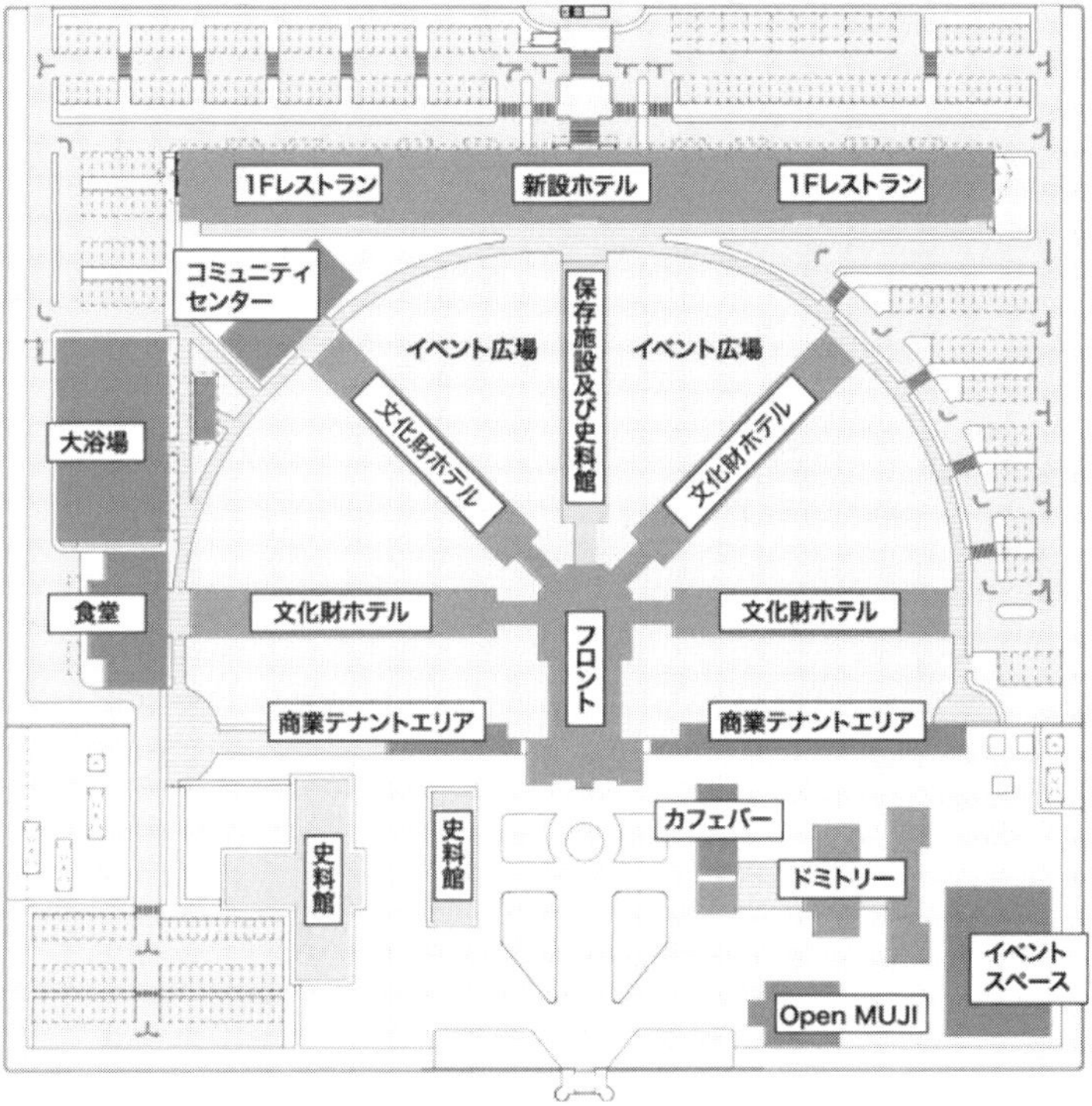

監獄ホテルのイメージ図

築行刑史料館」も作られています。施設設計者の山下啓次郎氏のストーリーを軸に、若者世代や外国人にも分かりやすい展示になるようです。史料館では、魅力あるコンテンツの提供、子供たちへの正しい法教育の実施、歴史的資料のアーカイブ化と保存・管理、貸出などを担います。

その他、地産地消にこだわった「レストランエリア」、奈良の工芸品や雑貨を取り揃えた「商業テナントエリア」、ランニングステーション機能を持った「天然温泉の温浴設備」、体験型観光を提供する「コミュニティ空間」、ラウンジ・共同工房・アトリエ、ジャズ&日本酒カフェバーなど、施設全体の活気を生み出す「イベントスペース」などの施設がオープンします。では、雑居房や独房がどのようなホテルに変わるのでしょうか。

部屋の扉は厚さ約10センチで、刑務所ならでは重厚感があります。内側には鉄の板。廊下側にはいかにも頑丈そうな鍵がついています。部屋の扉には、刑務官が室内にいる受刑者の様子をのぞくための監視窓や、食事を差し入れる小窓などがあります。冷暖房のない部屋、むき出しの便器など、一体どんなホテルに生まれ変わるのか、今から楽しみです。

❖世界の監獄ホテルを見てみよう

海外にも元刑務所だったホテルがあります。歴史的価値のある建物を有効活用して残すことが目的だったり、街おこしのランドマーク的存在として期待されたり…。ホテル運営側もその想いをしっかりと汲み取って、元刑務所の名残りを、上手に遊び心ある空間へと変えて、寛ぎ楽しめるホテルへと生まれ変わらせています。
そこで、世界中の観光客が注目する「元刑務所だったホテル」をいくつか紹介します。

◎リバティ・ホテル・ボストン（アメリカ）

かつてチャールズストリート刑務所として使われた建物を２００７年にリニューアルしてオープンしました。ボストン・グラナイト様式を今に残し、往時を偲ばせます。館内には鉄格子や独房の痕跡なども多数点在、ロビーにあるおしゃれな円屋根も実は刑務所時代の遺品です。天井が高い円形の吹き抜けロビーも往時の姿をとどめた空間です

◎ラングホルメン・ホテル（スウェーデン）

スウェーデンの首都ストックホルムにある若者に人気のエリア、セーデルマルム地区。このエリアにかかる橋を渡った先が流刑地だった小さな島、ラングホルメン島です。１９８９年まで刑務所として使われていた建物は現在、博物館とホステルとして営業中。敷地内にあるカフェは、放射状に区切られたスペースがとてもユニーク。ミュージアムショップで販売中のオリジナル囚人グッズも好評です。

◎ベストウェスタン・プレミア・ホテル・カタヤノッカ（フィンランド）

首都ヘルシンキからトラムに乗って10分。１８３７年から２００２年までの約１６０年間、この赤レンガの建物は刑務所でした。主に政治犯が収容され、フィンランドの元大統領リスト・リュティ氏もここに収容されていました。当時の内装をなるべく残しながら、宿泊客が快適

リバティ・ホテル・ボストン（アメリカ）

ラングホルメン・ホテル（スウェーデン）

ベストウェスタン・プレミア・ホテル・カタヤノッカ（フィンランド）

ソフィテル・ルアンパバーン（ラオス）

に過ごせるようにリノベーションされ、２００５年にホテルとしてオープンしました。スタッフの着用するユニフォームが囚人風だったり、朝食時には監獄食を思わせる銀のプレートが使われていたりと、遊び心が感じられます。

◎ソフィテル・ルアンパバーン（ラオス）

東南アジアの国ラオスのルアンパバーンの中心街近くにある人気のホテル、ソフィテル・ルアンパバーンは、かつては刑務所でした。改修されたホテルにはプライベートガーデン付きの広いスイートルームが23室あり、中にはプール付きの客室もあります。刑務所時代の監視塔のいくつかが当時の姿のまま残っています。他人に邪魔をされない静かな環境で、宿泊客は庭を散策したり、屋外の大きなプールで泳ぐこともできます。

第2部

府中刑務所「生活設計・金融講座」

1 生活設計（ライフプラン）講座

❖ハンバーグのお話

私は、府中刑務所での講義を、心理学者の故多湖輝さんの「フライパンとハンバーグ」の話から入ることにしています。緊張してコチコチになっている受刑者の皆さんに、「ハンバーグを焼いたことがある人はいますか？」と問いかけると、何人かの手が挙がります。

「それでは佐藤さん。3個のハンバーグを焼きたいけれど、フライパンには2個しか入らない。片面焼くのに5分かかります。どのように焼きますか？」

「まず2個を裏表焼いて10分で焼きあがり、あと1つを裏表焼いて10分」

「そうですね。3個のハンバーグを焼くのに20分かかりました。では、この3個を15分で焼くにはどうすればいいでしょうか？」

いきなりハンバーグの焼き方の話に驚きながらも真剣に考えている。「わかった！」と手を挙げたのが佐藤さん。「3個をまとめて団子にしたらもっと早く焼ける」。

「いや、3個まとめるとフライパンに乗りません」

佐伯さんの手が挙がる。「2個入れた隙間にもう1個をちぎって入れる」。

「2個がぎりぎりで、ちぎっても入りません」

室内の空気が次第に和いでいくのがよくわかります。そこで正解を披露します。

「まずフライパンに2個入れます。5分経ったら1個は裏返し、1個は外に出し、新しいのを1個入れます。そして5分経てば1個は焼き上がります。もう1個は片面ですので、先ほど外に出した片面のものを入れて5分焼けば、15分で3個のハンバーグが焼き上がります」

こんなに一生懸命考えたことは最近なかったよ、との声が聞こえる。

何も考えないで、今までそうであったからというのは固定観念、これしかないという考え方は頭が凝り固まっている証拠で、これでは人生に工夫もなく、活力も楽しみもなく、積極的に生きるということになりません。

「固定観念を捨てること、僅かなことにも気づく心の柔らかさを持つことが大切です。そこから新しい考え方が生まれ、あなたの生活も変わり、人生を変えることができるのです。ハンバーグの焼き方はこれからの自分を変えていきたいと思うときに思い出してください」

◎受講者の反応

「なんとなくハンバーグを焼いていたが、ちょっとした工夫で早く焼けることがわかった」と佐藤さん。

「出所したら、ハンバーグの話を思い出して、少しでも毎日の生活を変えていきたいと思う」と佐伯さん。

❖お金に色がついている？

それでは、生活設計に関する講座を始めます。これからお話をするのは、お金、健康保険、年金についての３つです。

下の図には「運用」と書いてあります。運用とは、お金を動かすこと、お金に働いてもらうことです。お金を動かすことには、「お金の価値を守ること」と「お金を増やすこと」という２つの意味があります。

「価値を守ること」とは、基本的には何かに使うためです。たとえば、「必要」であれば必要になるまでの間、「目的」であればその目的が達成するまでの間、働いて得た価値を「守る」（保つ）必要があります。

次に、「必要」と書いてあります。これは、生活していく上でどうしても「必要」となるお金です。どうしても必要なものは衣食住、着るもの、食べること、住むところです。

夏はシャツ１枚でもいいけれど、冬は寒さを防ぐためにいろいろと衣服が必要になります。その分、お金もかかります。毎日、朝、昼、晩、何かを食べなければ死んでしまいます。また、ただ食べるだけではなく、栄養のバランスも考えないといけません。そしてアパート、借家、マンションなど、自分の住む家を確保しなければならない。

生活していく上ではこれら衣食住のすべてが必要となり、そのためにはきち

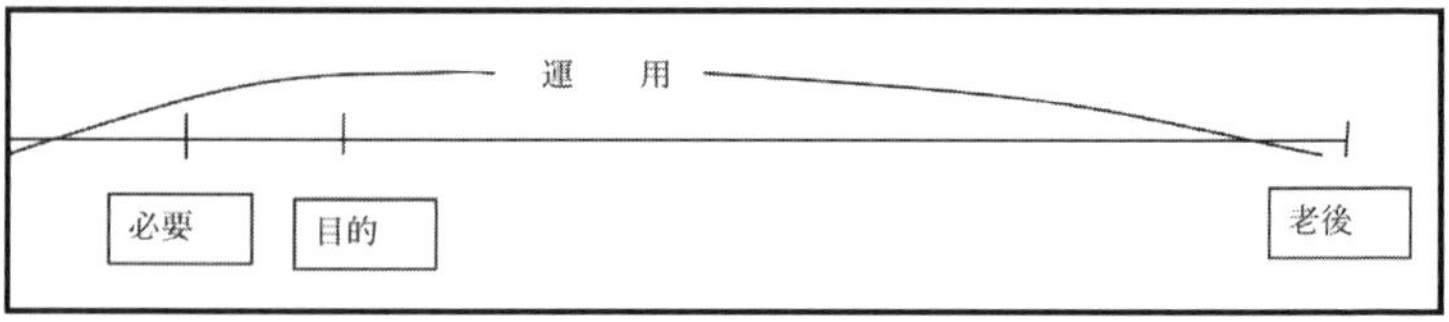

んと働いてお金を確保しておかなければなりません。

次に「目的」と書いてあります。例えば子供がいれば学校に支払う学費が必要です。自動車を持っていれば、車検や修理代もかかりますし、自動車を買い換えるお金も必要です。また、持ち家があれば修繕費用もあるでしょう。

このような「必要」「目的」のあるお金は、株式投資や競輪、競馬で儲けようという考えではいけません。出来るだけリスク（うまくすれば儲かるが、下手をすれば損すること）のないもので確保しなければならないのです。

「俺は競馬で損をしたことはない。競馬で稼ぐことができる」と豪語する人がいますが、儲かっている間はいいでしょうが、しくじったら生活が破綻してしまいます。

また、お金を増やそうとするあまり、無理な運用をして失敗し、減らしてしまうと、働いて得た価値を「守る」ことができなくなり、生活（プラン）に支障をきたします。

毎日の生活費、目的への備えに当てるお金は、安全性を重視し、リスクのない預金等で確保しておく必要があります。

「必要」と「目的」のあるお金を除いて余った分を「余資《よし》」といいます。余資は老後に備えて運用します。若い人が老後に備えようとすれば、長い年月をかけて運用しなければなりません。そのためにはできるだけリスクの大きなもので運用を心掛けます。

なぜリスクの大きいもので運用する必要があるのでしょう？　一般的にリスクの小さなものはリターン（儲け）も小さく、リスクの大きなものはリターンも大きいといえます。老後までの運用の期間が長ければ、リスクを軽減（小さく）することが出来るので、できるだけリスクの大きなもので、リターン（儲け）を大きく得ることを考えましょう。期間が長い、つまり「長期運用」をすることによってリスクは小さくなり、利益が大きくなるということです。

日本では、リスクを取りたくない人は、老後に備える余ったお金（余資）を安全性を重視して、手堅く預金しています。一方で、リスクを好む人の中には、「必要」のお金、つまり生活費まで投資やギャンブルにつぎ込んでしまう人もいます。

お金に色はついていませんが、「必要」なお金と「目的」のあるお金、老後に備えた「余資」の色分けをしっかりと行うことが重要です。

損をするのは恐い、リスクを避けたいと思うのは当たり前だと思いますが、リスクを避けてばかりいると、人生はどんどんしぼんでいき、みじめになっていくものです。自分の財産は自分で守る、何とか増やしていくという気迫を持つと、物事を前向きに捉えられるようになり、道も開けてきます。

今の時代、やろうと思えば何でもできます。最終的には自分でリスクを取りつつ、自分の事は自分で守らなくてはなりません。リスクと向き合わなければリスクに対応する術が学べないのです。リスクを取りながらリスク管理ができるようになれば、心もどんどんすわってきます。リスクを避けるなと言いたいですね。

◎受講者の反応

「お金に色は付けられないが、袋に『生活費』『学費』などと書いておけばいいんだ」と佐久間さん。その通り、よい考えです。「いままで老後のことなど考えたことはなかったが、長い時間をかけてお金に働いてもらうことも必要なんだ」と坂下さん。

❖リスクとリターン

先ほどから「リスク」という言葉が何度も出てきましたが、リスクについてお話します。

まずリスクってどんなことだと思いますか？

佐藤さん「損すること」、瀬戸さん「危険なこと」。それから「道を歩いていて車に当たるかも知れない」と佐藤さん。

「そう、それもリスクでしょう。トンネルを走行中の車に天井が落ちてきて死亡した事件がありましたね」

国語辞典には、「危険」「危険度」「予想した通りにうまくいかない可能性」「失敗したり損をしたりする危険」とあり、一般的にはリスクとは危険を表す言葉であることがわかりますが、リスクの語源はイタリア語で「勇気をもって試みる」ということです。

では、お金に働いてもらう時のリスクとはどんなものでしょうか。少し難しい言葉が出てきますが、次のようなことをリスクと呼びます。

①価格変動リスク……株式や債券の値段が変わる

②為替変動リスク……外国のお金に換える場合、為替レートの変動がある

③信用（デフォルト）リスク……債券などを発行する国や企業が利息や償還金を払えなくなる

④金利変動リスク……金利の上下によって債券価格が変動する

このように先行きがどうなるかわからない、不確実の度合いが大きいほどリスクが高いといい、小さいほどリスクが低いと言います。皆さんが銀行に円で預金する場合、元本は保証されているのでリスクが低く、結果として金利も低く、得られるリターンも少なくなります。

「リターン」とは、投資を行って（お金を動かして）得られる利益のことです。

リスクとリターンには密接な関係があります。リスクを低く抑えようとするとリターンは低下し、高いリターンを得ようとするとリスクも高まります。したがって、「リスクがなく（低く）、リターンが高い金融商品」は存在しません。

下の図を見てください。有価証券Aと有価証券Bの価格の変動を較べると、どちらの方が価格の変動が大きいでしょうか？

瀬戸さん「Bの方が大きい」。

「では、どちらがリスクが大きいと思う？」

「Bの方」と瀬戸さん。

変動の小さいAを債券（国債など）、変動の大きいBを株式としま

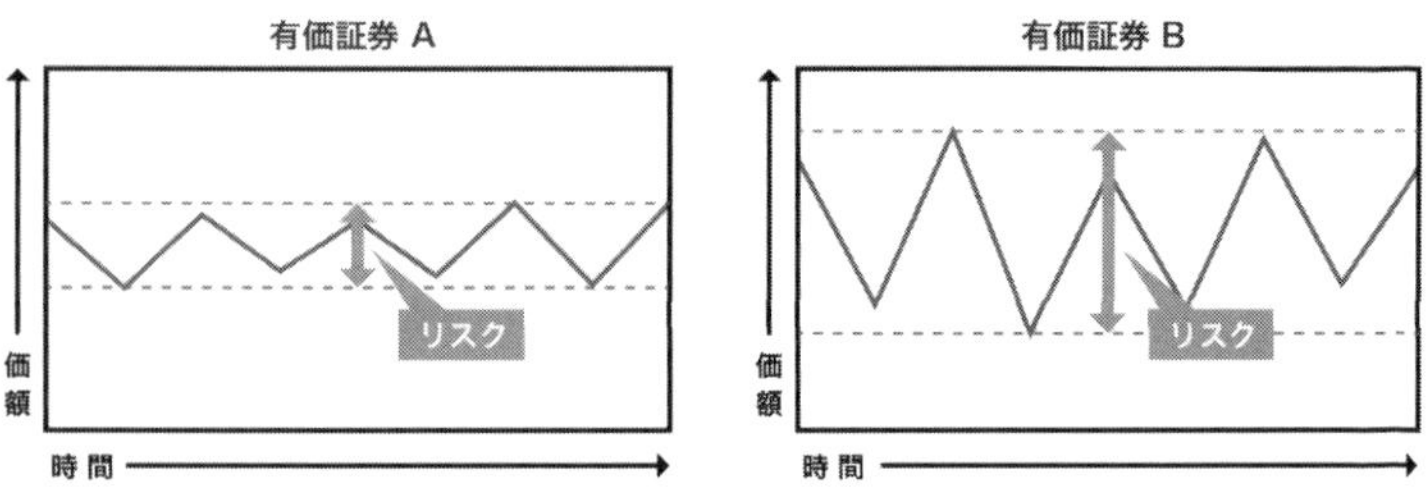

リスクの比較（投資信託協会の資料より）

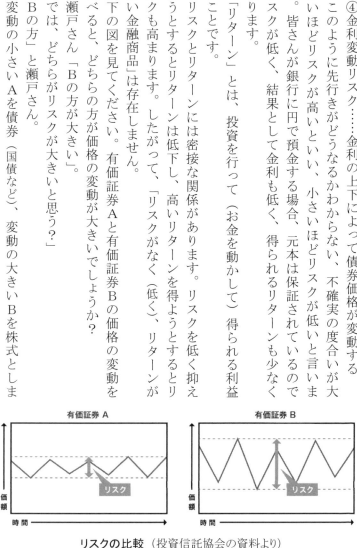

す。Ｂの株式の値段の変動が大きいということは、債券よりも儲かる時も大きいし、損する時も大きい。従って、Ｂの株式の方がＡの債券よりリもスクが大きい、あるいはリスクが高いと言います。

しかし、Ａの債券のように値段の動きが小さいと、リスクも小さく、損することも少なく、Ｂの株式よりリターン（儲け）も小さくなる。つまり、リスクが低いものほどリターンは低く（ローリスク・ローリターン）、リスクが高いものほどリターンは高い（ハイリスク・ハイリターン）ということです。

世の中に、リスクが低くてリターンが高いといううまい話はないということです。うまい話に乗ると、トラブルの被害者になりかねません。

リスクとリターンの関係は理解できましたか？

「なんとなくわかった」と瀬戸さん。

◎受講者の反応

リスク・リターンに対する考え方は人それぞれ違う。利益が少なくとも安全を選ぶ人もいれば、リスクが大きくとも大きな利益が欲しいと思う人もいる。佐藤さんはどちらを選

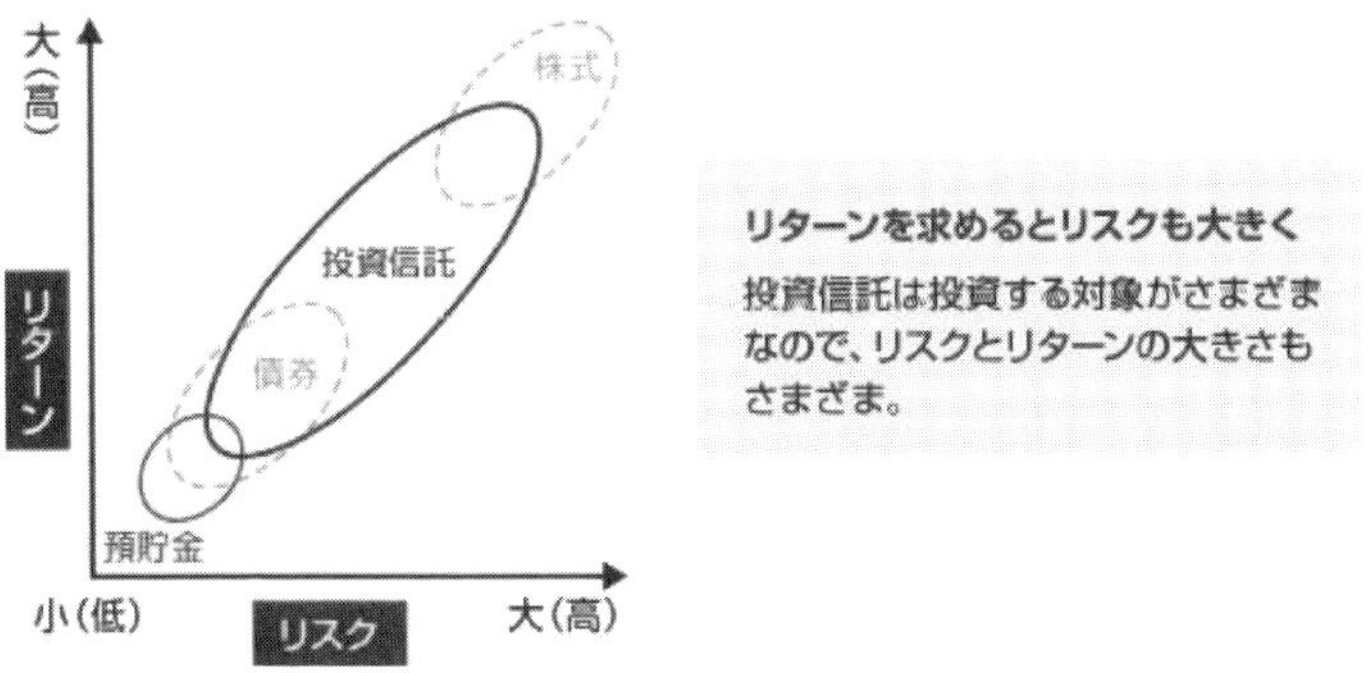

リスクとリターンの関係（投資信託協会の資料より）

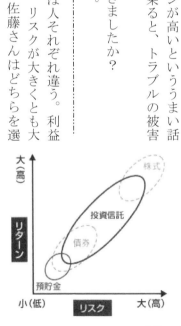

ぶ？「オレは大きな利益が欲しいからリスクも大きいほうを選ぶ」

❖金融商品の特徴

前頁の図を見て「安全性」「流動性」「収益性」を考えてみましょう。

「安全性が高いほどリスクは高いか低いか。どちらでしょう？」

瀬沼さん「低い」。

その通り。「流動性」が高いというのはお金に換えやすいということです。「収益性」は儲けです。

リスクは図の右の方に行くほど高くなり、リターンは上に行くほど高くなります。

①預貯金のリスクとリターン

預貯金はリスクは一番低いが、リターンも一番低い。リスクが低いというのは安全性が一番高いことです。銀行に預金した場合「元本１０００万円までとその利息」は預金保険で保護されています。しかも、預貯金はお金に換えやすく（換金）、流動性も高いものです。

つまり、預貯金は安全性は高く、すぐに換金できるが、収益性（儲け）は少ないということです。

②債券のリスクとリターン

債券とは、国債や地方債、社債のことです。国債は国が国民からお金を借りる時、社債は会社がお金を借りる時に発行する証文と言えばわかりやすいと思います。

債券は預金よりはリスクが高く安全性は低くなっています。基本的には償還（満期）まで保有すればリスクは低く抑えられるのですが、リターンもあまり高くありません。

国が発行する国債は高い信用力がありますが、社債は発行する企業の信用力によってリスクとリターンが変わってきます。

「信用がある方が利息が多いと思う人、手を挙げて」と問うと、全員の手が挙がる。

「違うんです。信用があるほど安心して保有することができるので利息は低いのです。信用力が低いと利息を高くしないと買ってもらえません。つまり信用力があれば安い利息でお金を集めることができるのです」

売ったり買ったり、あるいはお金に換えたりする流動性の面では、国債は一般には高いが、社債は一般に低いと言えます。また収益性では、一般に債券は預金よりは高いと言えます。

③投資信託のリスクとリターン

投資信託とは、投資家から集めたお金を運用のプロであるファンドマネージャーが株式や債券などに投資・運用し、利益を投資家に還元する金融商品です。

投資信託は組み入れられる商品によって異なりますが、例えば株式中心だとリスクとリターンは高くなりますが、債券中心だと低くなる傾向があります。したがって、投資信託の安全性・収益性・流動性は様々だと言えます。

④株式のリスクとリターン

株式は、リスクもリターンも一番高いと言えます。ただし、投資の目的によって異なります。

値上がり益中心だとリスクもリターンも高くなりますが、配当金・株主優待目的の場合は、ある程度リスクは抑えられます。

つまり、安全性で言えばリスクは一番高い。収益性は一番高い。流動性は様々です。

⑤リスクを軽減する方法

・分散投資

「卵は一つのカゴに盛るな」ということわざがあります。1つのカゴに全部入れると、そのカゴを落としたら全部が割れてしまう。2つ、3つのカゴに分けておけば1つ落としても残りの卵は助かるということです。

これはお金の運用にも言えることで、投資先や投資時期などを分散させることが大事です。

・長期に保有

今日買って明日売るのではなく、長期間で見ると、変動リスクが小さくなる傾向があります。

・時間の分散

一度に全額投資するのではなく、何回かに分けて投資することにより、リスクを小さくすることができます。

◎受講者の反応

「預貯金、債券、株式についてはなんとなくわかるが、投資信託はわからない」と瀬戸さん。

投資信託は一度聞いただけでは理解できません。また後で説明します。

2　お金に働いてもらう

❖計画的な生き方

お金を貯めることは大切です。

「田中さん。一生懸命貯めましたか？」

「いや。お金は入るとすぐに使ってしまう。貯金だとか預金だとか考えたことはありません」

「預金していた人は？」

はい。と手を挙げたのは高井さん。おお、預金していた人もいるんだ。

「バブルの時はどうでした？」

「確か7％、8％の利息が付いたと思います」

そうです。あの頃は100万円貯金していたら利息が7万円か8万円つきました。

「では家計簿をつけたことがある人？」と聞くとほとんど手は挙がらない。

「現在、使ったお金をノートにつけている人？」これにはほとんど全員が手を挙げる。受刑者の皆さんは、立派に「家計簿」をつけているのです。

金融広報中央委員会（愛称「知るぽると」、事務局は日本銀行本店）が「家計夢ノート」を作っています。これを利用して、毎日の支出の書き込み、年間そして月ごとの家計プランを立てることができます。毎日のお金の出入りを思い出してノートに付ける。これは「ボケ防止」に役に立ちます。俺はまだ大丈夫と思っているかも知れませんが、若くしてボケる人もいます(「ボケ」という言葉は今は「認知症」と言わなければならないようですが、刑務所内の講義ではあえて「ボケ」という言葉を使っています)。

計画的な生き方をするには、1か月の収入と支出を把握しなければなりません。収入が少なければ出るお金を控える。1か月、1年、3年という目標を立てるのに必要なお金はどのように準備したらよいのか。

「三日坊主という言葉を聞いて、だらしがないと思う人？」これには一斉に手が挙がる。

「素晴らしい言葉だと思う人？」誰も手が上がらない。

なぜ三日坊主になるのだろうか。それまでやらなかったこと、新しいことを始めるのは素晴らしいことですが、それだから続かないのかもしれません。現在はすぐに過去となってしまいます。受け身の人生からは何も生まれないのだから、思ったらすぐに始めてみよう。いいじゃないの、三日坊主でも。

三日しかできないというマイナス思考ではなく、三日もできたとプラス思考になれば明るくなります。1年間貯金してもこれしか貯まらないからもうやめる、というのではなく、1年間貯金したらこんなにも貯まったから来年も続けてみよう。こう考えれば、同じ貯金額でも明るい気持ちになります。もを使うと、なんでもこなせる自信がついてきます。

私はお酒が好きです。一升瓶の底にあと少し残っている。これしか残っていない。えい、面倒だ、今晩みんな飲んでしまえ。あるいは、まだこんなにもある。明日の晩も飲める。楽しみだ。考え方一つで、こんなにも変わってきます。

次に、貯蓄について考えます。

「次の①と②のうちどちらがお金が貯まると思いますか？」

①収入マイナス支出＝貯蓄　②収入マイナス貯蓄＝支出

これは全員が②と答える。①は余ったら貯金しようということで、実際にはなかなか余らないから貯金はできません。②は、初めから貯金の分を引いて、残ったお金で生活する。このやり方をしなければお金はたまらないのです。

「俺なんか、入るお金が少ないから、貯金の分をはじいたら生活できないよ」と田々井さん。たくさん収入があれば貯金もできると思っているでしょうが、収入が多ければ出ていくお金も多くなり、なかなか貯金はできません。

「受刑者の皆さんは貯める方法が②と分かっているのでぜひこれを実行してくださいね」

少し違った視点でお金について見てみましょう。

「お金で人の価値は決まらない」「お金ですべては解決できない」「お金をたくさん持っている人が立派とは限らない」「お金で幸福や満足は買えない」など、いろいろ言われます。

次に貯蓄について考えてみましょう。

急にお金が必要な時、蓄えがなかったら困るでしょう。そのための備えておくのが貯蓄です。

貯蓄するのも計画的な生き方なのです。貯め上手、使い上手になりましょう。

「さて、定期預金にしておけばお金が減らないから安全だと思いますか？」

下の表を見てください。「時が流れて」と私は名付けていますが、気が付かない間に物の値段はずいぶんと上がっています。年配の方ならはがき７円、封書15円を覚えているかもしれませんが、若い人は想像できないでしょうね。

「定期預金で物価に勝てると思いますか？」

勝てないよね。７円で買えたはがきが63円出さないと買えないということはお金が減ったのと同じです。つまり物価の値上がり、インフレと言いますが、預金はインフレに勝てません。ということは、預金も絶対に安全ではないということです。

ではどうしたらいいでしょう。「この表から何か感じることがありますか？」。

「ＴＯＰＩＸというのが10倍以上になっている」と声が聞こえる。

物価に対して勝っている「ＴＯＰＩＸ」とは、東京証券取引所第一部全銘柄（令和２年１月

時が流れて

	1970年末	2019年10月
ラーメン	100円	600円
はがき	7円	63円
封書	15円	84円
山手線1区間	20円	130円
タクシー発乗	130円	730円
TOPIX	150P	1,660P

（注）TOPIXとは、1968年1月4日を基準日として100ポイントとして東京証券取引所第1部全銘柄の時価総額の変化を表す指標。（筆者作成）

10日現在２１６１銘柄）の時価総額の変化を表したもの、つまり株式市場です。お金に働いてもらうときに、株式市場も頭に入れておく必要があります。

◎**受講者の反応**

「これからは家計簿を付けます。１年後、３年後という目標をしっかりと立てて生活していきます」と高井さん。

「行き当たりばったりの生活で、およそ計画的な生活をしていなかった。今までお金の出入りはつけていたので、これからは家計簿をつけます」と田中さん。

❖資産形成

資産形成と聞いて、俺には資産なんかないから関係ないよと思う人もいるでしょうが、資産のない人でもこれから資産を１から２、２から３へと、コツコツと増やしていくというイメージです。

金融庁が発表した「平成27事務年度　金融レポート」では次のように「貯蓄から資産形成へ」の必要性を取り上げています。

○家計の金融資産の過半が現預金。
○資産運用のリターンが低い（アメリカと比べると3分の1）。
○中長期・積立・分散投資の促進を通じた、より安定的な資産形成の実現。

日本はアメリカやヨーロッパと比較すると、お金に関する考え方が変わっています。

下の表を見てください。日本とアメリカ、ヨーロッパの金融資産の比較です。この表を見て、皆さん何を感じますか。現金・預金の割合が日本は53・3％と半分以上を占めていますが、アメリカは12・9％と低いですね。

債券、投資信託、株式はリスクがあるので「リスク商品」と呼んでいます。この3つのリスク商品を日本とアメリカと比べるとどうですか？　日本は15・2％。アメリカは52・8％です。ユーロエリアは日本とアメリカのちょうど中間をいっています。

この表から、日本人は安全性を重視してリスクを避けていることがわかります。

人口減少と高齢化が加速していく中で、国を挙げて「貯蓄から資産形成へ」というスローガンを掲げ、NISAや確定拠出年金などの非課税制度を設けているのは、老後のために自分たちで資産を作って欲しい、頑張ってほしいと暗に示唆しているのです。

「NISAという言葉、聞いたことがある人？」ほとんど手が挙がらない。

家計の金融資産構成　（2019年3月末）　（%）

	日本	米国	ユーロエリア
現金・預金	53.3	12.9	34.0
債券	1.3	6.5	2.3
投資信託	3.9	12.0	8.8
株式等	10.0	34.3	18.8
保険・年金	28.6	31.7	34.0
その他	3.0	2.7	2.2
合計	1,835兆円	88.9兆ドル	24.5兆ユーロ

（日本銀行調査統計局資料より筆者作成）

「確定拠出年金という言葉、聞いたことがある人？」こちらもほとんど手が挙がらない。

ＮＩＳＡと確定拠出年金は、どちらも税金がかからない制度（非課税という）です。難しい言葉を使うと、税制優遇制度と言います。

アメリカでも、４０１ｋ制度スタート当時の１９８０年頃、今から40年くらい前には、今の日本と同じように、みんな預金をしていました。４０１ｋ制度とは、従業員が給料やボーナスから毎月決まった掛金を拠出して積み立て、将来年金として受け取る制度で、積立金の運用結果によって将来受け取る年金額が変動するのが特徴です。

アメリカの人たちは、30年、40年と時がたつと預金では物価に勝てないと判断し、資産形成に投資信託や株式を利用するように考え方が変わっていったのです。現在のようにリスク商品が50％を超えるようになったのは、４０１ｋなどの非課税の税制優遇制度を利用して40年も経た結果です。

日本の確定拠出年金制度は、アメリカの４０１ｋを見習って作られました。この税制優遇制度により、30年、40年後にはアメリカと同じようにリスク商品の割合が高まることが期待されています。「人生90年いや１００年」が当たり前の時代を迎え、公的年金をはじめとする日本の社会保障制度のほころびが明らかになっていることから、自分のことは自分でということになってきたのでしょう。

日本で厚生年金制度が始まったのは昭和29年です。当時の平均寿命は男性が63・41歳、女性が67・69歳でしたが、平成30年には男性81・25歳。女性87・32歳になっています。この40〜50

年の間に20年近く平均寿命は伸びています。

このように、平均寿命が男女ともに80歳を超えている状況では、今の制度設計のままでは公的年金の未来が厳しいことは明らかです。「貯蓄から資産形成へ」という国の方針は、ただ貯金しているだけでなく積極的に資産を増やしてほしいということであり、いつまでも国や会社に頼るなということです。

日本では「投資」という言葉が誤解されています。投資と「投機」を一緒くたにしています。投資とは、長期的な視野でお金を出す。つまり今日買って明日儲けるものではありません。一方の投機というのは、短期的な値上りのタイミングを狙ってお金を出し、利益を得る行為のことです。リスクを負って値上がり益を取ることばかりが強調され、「投資も投機も同じ」という状況になっているのが現状です。

◎受講者の反応

「債券、投資信託、株式など誰も教えてくれなかった。しかし今日勉強したので出所後も学びたい」と高橋さん。

「年を取ったら生活保護を受ける」と高木さん。丈夫なうちに働いて、税金のかからない方法で資産を作るよう心がけてください。

❖つみたてNISA

つみたてNISAとは、少額のお金でできる積み立て投資で、年間40万円までの投資ならば利益にかかる税金が20年間非課税になる制度です。投資の初心者を対象としているため若年者に最も適しています。年間40万円は月額にすると3万3000円です。少ない金額でコツコツと投資することができ、20年間という長期にわたって資産を殖やすことができます。

つみたてNISAの運用は、投資信託で行います。毎月積み立てていくので投資のタイミングを考える必要はありません。今が安いのか高いところなのかを判断しなくても「ドル・コスト平均法」が使えるからです。これはアメリカで開発された投資方法で、投資信託や株式など価格が変動する金融商品を毎月一定額価格で積み立てて買付価格を平均化する定額購入法です。

下の図を見てください。一定の金額で買うため、価格が安い（500円）ときは購入数量が多くなり（20株）、反対に価格が高い（1500円）ときは購入数量が少なく（6・7株）なります。

このため、定期的に同じ数量を買い続ける定量購入法より、結果的に1単位当たりの平均取得価額が割安（856・5円）となります。長期投資でリスク

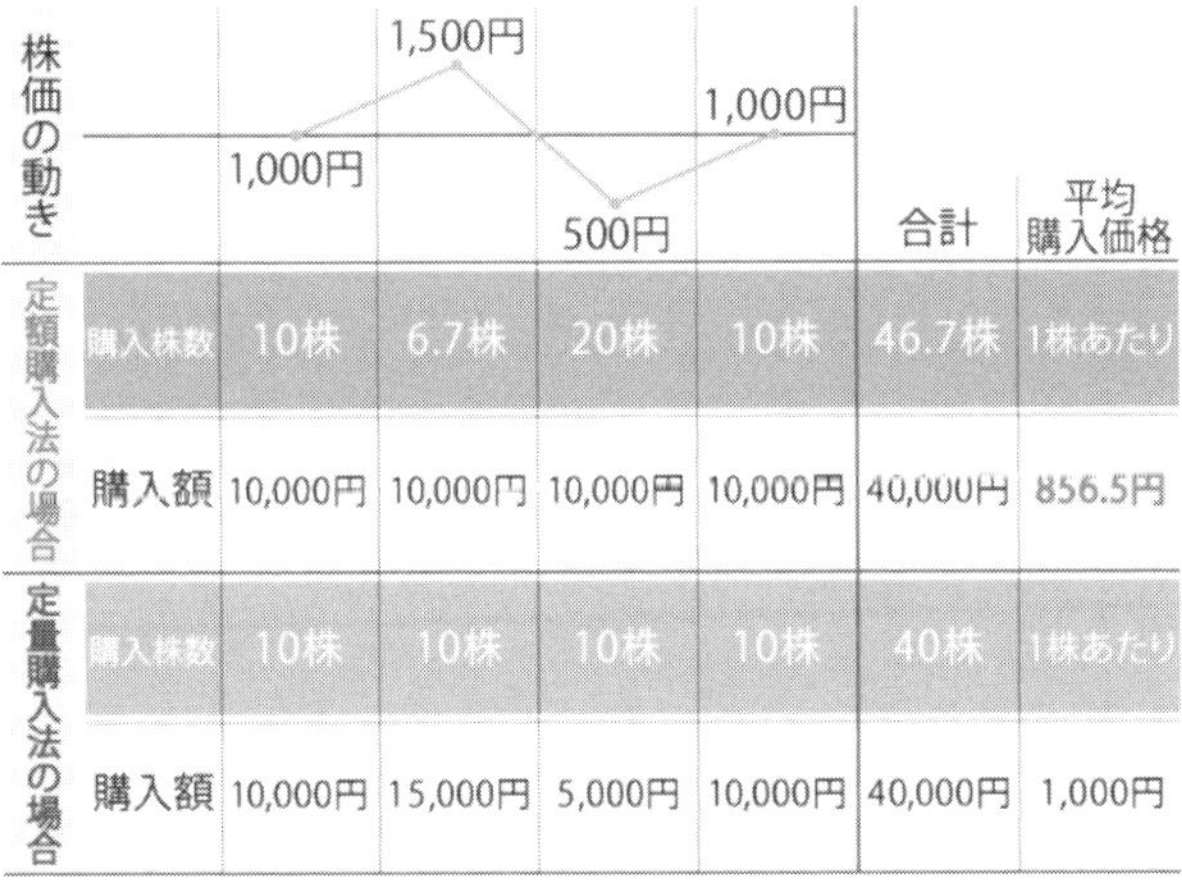

						合計	平均購入価格
定額購入法の場合	購入株数	10株	6.7株	20株	10株	46.7株	1株あたり
	購入額	10,000円	10,000円	10,000円	10,000円	40,000円	856.5円
定量購入法の場合	購入株数	10株	10株	10株	10株	40株	1株あたり
	購入額	10,000円	15,000円	5,000円	10,000円	40,000円	1,000円

ドル・コスト平均法

を抑制し、安定した収益を得たい場合に使われる手法です。
つみたてＮＩＳＡの普及によって、金融資産の中心が預金という現在のあり方を変えることになれば、投資の初心者への実践的な投資教育の促進につながります。ただし、定額購入法（ドル・コスト平均法）は投資収益を確実にするとは限りません。購入する金融商品の価格が下落し続けるなど損失を被る場合がありますので、注意が必要です。

◎受講者の反応

「ドルコスト平均法という言葉は難しかったがもう一度説明を聞き、毎月同じ数量を買うのと同じ金額を買うのとの違いがわかった。また長い年月をかけて買うのはタイミングを考えることのないこともわかったので、出所後は実践してみたい」と千葉さん。

一般NISAとつみたてNISAの比較

	一般NISA	つみたてNISA
投資可能期間	2014年～23年の10年間	2018年～42年の25年間（予定）
投資上限額	年120万円	年40万円
非課税期間	5年間	20年間
対象商品	上場株式、REIT、ETF、株式投資信託など	ETF、株式投資信託のうち、政令・告示で定める特定の要件を満たしたもの

（注）投資家は「一般NISA」と「つみたてNISA」の併用はできない

「つみたてNISA」の概要

非課税投資枠等	年間投資上限額:40万円、非課税保有期間:20年、投資可能期間:2018年～42年(25年間)
投資対象商品	長期の積立・分散投資に適した一定の投資信託で以下の政令で定める要件をすべて満たすもの ○信託契約期間が無期限又は20年以上であること ○分配頻度が毎月でないこと ○ヘッジ目的の場合を除き、デリバティブ取引による運用を行っていないこと 政令要件に加え告示で定める要件を満たすことが必要
投資方法	契約に基づく定期かつ継続的方法による買付け
現行NISAとの関係	一般NISAと選択して適用可能
受付・購入	受付開始:2017年10月１日、 買付開始:2018年1月１日

2020年度税制改正大綱により、「つみたてNISA」について、従来は2037年末で終了とされていたが、期限を5年延長し、2042年までとなる。2023年までに積み立てを始めた人は20年間は積み立てが可能。原則として、いつから始めても20年間非課税になるように改められた。

❖100円からでも投資できる

「投資というのは、お金のない人がする。それともお金のある人がする、どちらでしょう？」

津山さん「お金のある人がするものだと思う」

「そう。それでは100円で投資信託に投資できることを知っている人？」

誰も手が挙がりません。

「100円でジュースを飲んだと思って投資信託の積み立てをしていったら、投資にチャレンジできるんです。投資というのはお金持ちだけがするのではなく、ジュースを買うように誰でもきるようになったのです。100円ずつならば失敗しても大きな痛手は被らないでしょ。ジュースを1杯のんだと思えばよいのです」

通常、投資信託は儲かった分に20・315％（復興特別所得税を含む）の税金がかかりますが、2018年1月に誕生したつみたてNISAは、年間に積み立てた金額（投資枠）が40万円までなら非課税（20年間）になります。

「100円からの投資」は、SBI証券、楽天証券、マネックス証券、カブドットコム証券、松井証券、岡三オンライン証券などネット証券会社に限られていますが、500円、1000円からであれば各証券会社、銀行なども取扱っています。

「毎月100円から」というところもあれば、SBI証券のように毎日、毎週、毎月、隔月などと投資頻度を選べる証券会社もあります。比較検討して、自分に合ったところを選ぶとよいでしょう。

注意したいのは、積立投資信託のすべてが「つみたてＮＩＳＡ」ではありません。「つみたてＮＩＳＡ」でない積立投信は、儲かったお金に20・315％課税されるうえ手数料などがかかることもあります。

では、なぜ１００円の積み立て投資信託ができたのでしょう？

これで儲けられてもほんの僅かです。損をしてもたいした額ではありません。「投資」とは何かを理解してもらうことが狙いなのです。「投資は怖い」という言葉をよく聞きますが、それは投資に対する知識や理解がないことからくる怖さです。

投資を始めると世界が変わります。アメリカやヨーロッパの景気、金利から日本の景気、金利、為替の動向など、今まで気にしていなかった世の中の動きが、自分が所有している投資信託に影響してくるため、素直に頭に入ってきます。そして毎日、緊張感をもって生活できるようになります。なぜ、もっと早く投資を始めなかった、と感じると思います。

◎受講者の反応

「１００円からできる投資信託があるのは知らなかった。ジュースを飲んだつもりで初めてみたい」と津山さん。

3 投資信託

❖投資信託とは

確定拠出年金やＮＩＳＡなどの運用の中心となるのが投資信託です。「運用」とは、まとまったお金を動かすことです。人生１００年時代なんて言う言葉が出てきました。これからの時代、少しでもお金を増やすことが大切です。

「投資信託という言葉を聞いたことがありますか？」

聞いたことがない人が多い。

投資信託のことを「ファンド」とも呼びます。一言でいえば、「一人ひとりの投資家から集めたお金は小さいが、そのお金をまとめて大きな資金とし、運用の専門家がリスクを分散するためにいろいろな株式や債券などに投資・運用する商品で、その運用成果が投資家それぞれの投資額（出したお金）に応じて分配される仕組みの金融商品」です。集めた資金をどのような対象に投資するかは、投資信託ごとの運用方針に基づき専門家が行います。

投資信託は、上手くすると儲かるが、下手をすると損します。なぜかというと、投資信託の中身に株式や債券などのリスク商品が入っているからです。株式や債券は値段が上がったり下がったりするために儲かるかもしれないが、損するかも知れないのです。

①投資信託の仕組み

下の図を説明します。

「投資家」とはお金を出す人で、投資信託を買った人。運用の結果利益が出ると分配金を受け取ることが出来るため「受益者」とも言います。

「販売会社」とは銀行や証券会社等のことで、投資信託を販売している会社です。投資家から申込金を集め、投資信託を作っている会社に集めたお金を払い込みします。つまり投資家と投資信託委託会社（投資信託を作る会社）をつなぐ窓口です。

投資家から集めたお金は投信委託会社（投資信託の法律上「委託者」と呼ばれる）に払い込まれ、運用のプロが投資信託（ファンド）の運用を行います。

委託会社は、信託銀行（投資信託の法律上「受託者」と呼ばれる）に対して運用の指図を行います。

信託銀行は、委託者からの指図にしたがって、金融市場（証

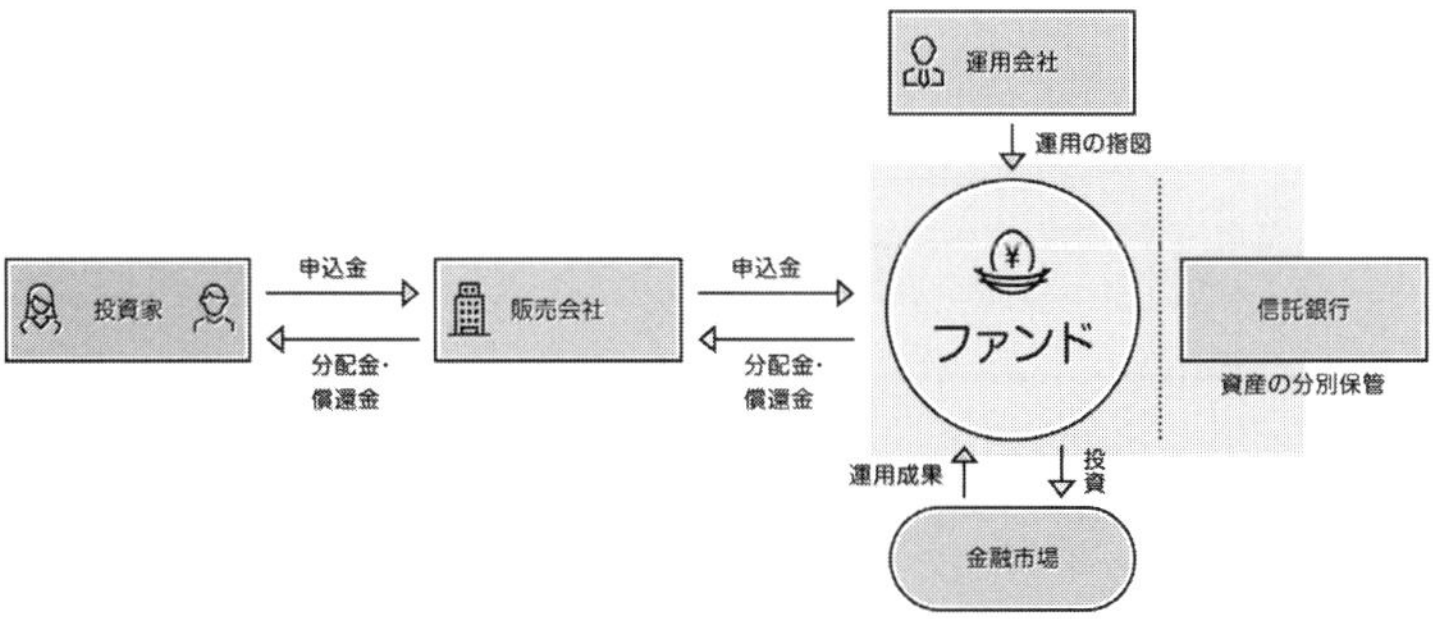

投資信託の仕組図（投資信託協会の資料より）

券取引所）において売買を行います。なお信託銀行では、投資家から集めた信託財産を自社の財産とは区別して保管・管理（分別管理）していて、いわば投資信託の金庫番のような役割を果たしています。

②投資信託の特徴

一番の特徴は分散投資ができることです。自分ひとりで、いろいろな種類の株式や債券を持つ場合、多額のお金が必要となります。しかし、投資信託は、一人ひとりは1万円から投資でき、多くの人から集めるため、10億円、30億円という大きな金額となり、たくさんの資産に分散投資することが出来、特定の資産に投資した場合よりもリスクが分散されます。リスクを分散しておくと、1つの物が下がっても、他のものが上がれば損をしないで済みます。

経済、金利、企業の分析などを行うためには相当高い知識と能力が求められます。専門家が運用する投資信託は、一般投資家では求められない利益を求めることができます。とはいっても、専門家が運用しても損をする場合もあります。相場の世界では「一寸先は闇」と言います。確実に儲かるとは限らないので、この点を誤解しないようにしてください。

③投資信託のリスク

投資信託の運用成績は市場環境などによって変動します。運用がうまくいって利益が得られることもあれば、投資した額を下回って損をすることもあります。このように投資信託の運用によって生じた損益はすべて投資家の責任となります。これを自己責任と言います。つまり、投資信託は元本が保証されている金融商品ではないのです。この点、銀行の預金などとは違うことを理解してください。

投資信託の売買は、毎日公表される基準価格に基づいて行われます。基準価格とは、投資信託の値段で、株式と同じように値段が付きますが、一日一回、証券取引所の立ち合いが終わる午後３時に、投資信託に組み入れられている銘柄の終値が集計され、基準価格が決まります。１口もしくは１万口当たりの値段です。「口《くち》」とは取引を行う際の単位のことです。

１口１円で運用を開始した投資信託は、毎日、その運用結果により変動します。一般的な投資信託は、運用実績の判断を分かりやすくするために、１万口当たりの値段を基準価格として公表しています。この基準価格を売買の単位として買ったり、売ったりが行われます。買った時の基準価格より上がっていれば利益となり、下がっていれば損となりますが、あくまでも評価ですので、実際に売買して初めて利益、損が確定します。

❖投資信託はどうやって運用されているか

それでは投資信託の中身（運用が何で行われているか）について見ていきましょう。

投資信託には、株式で運用する「株式投資信託」と債券で運用する「公社債投資信託」があります。「公社債」とは、公の債券、つまり国の発行する国債と東京都など地方の都市が発行する地方債、民間の会社が発行する社債などを言います。

投資信託は難しいので、少しずつ、ゆっくりと覚えていきましょう。まず、確定拠出年金やＮＩＳＡなどの投資信託に出てくる言葉、用語について簡単に触れておきます。皆さんが実際に確定拠出年金やＮＩＳＡなどを始めると、このような言葉が出てくるので覚えてください。
・「株式投信」
主として投資する対象・取引により、日本の会社に投資する「国内株式型」、アメリカやヨーロッパなど世界の株式に投資する「国際株式型」、株式と公社債の両方を組み入れた「バランス型」、日経平均や東証株価指数（ＴＯＰＩＸ）などを組み入れた「インデックス型」（同意語でパッシブ型）、デリバティブなどを組み入れた「派生商品型」に分類されています。
・「公社債投信」
株式を一切組み入れない投資信託。主として投資する対象により日本の国で発行されている債券を組み入れた「国内債券型」、外国の債券を組み入れた「外国債券型」、日本の債券と外国の債券の両方を組み入れた「内外債券型」、デリバティブを組み入れた「派生商品型」に分類されています。

公社債投資信託の代表的な例としてＭＭＦ（マネー・マネージメント・ファンド）、ＭＲＦ（マネー・リザーブ・ファンド：証券総合口座用ファンド）などの日々決済型ファンドなどがあります。

日々決済型ファンドとは、毎日決算を行う投資信託です。毎日決算を行うということは、毎日利息が付きますが、その利息をためておいて月末に元本に組み入れます。したがって利息が別になっているので、毎日１万円で買うことが出来るのです。証券会社ではこの証券総合口座のＭＲＦについては、口座の開設の時に手続きをとり、この口座を通してお金の流れを行い、一日でも利息が付くようにしています。

公社債投信の特徴は、決算のたびごと（日々決算型ファンドであれば毎日。通常は年2回決算を行う）にファンドの純資産額を超える額（元本を超える分）をすべて分配することになっています。また、決算日の基準価格でしか購入できません（追加設定という）。つまり、決算の時に1万円を下回ると、分配できないことと追加設定できないためその投資信託は終了します。

したがって、公社債だけしか組み入れてなくても、名前だけ「株式投資信託」としているものがあり、注意する必要があります。特に外国の公社債を中心に運用する投資信託の多くは、株式を組み入れてなくても「株式投資信託」として設立されています。

なぜかというと、公社債の価格が変動し、常にファンドの基準価格（元本）を上回ったり、下回ったりする可能性が高く、実質的に公社債のみに投資するものであっても、日々変動する基準価格で設定・解約を受け付ける株式投資信託として組成した方が金融商品として望ましいと考えられるためです。

つまり、「公社債投信」は基準価格（1万円）を下回ると継続できないが、「株式投信」は基準価格を下回っても継続、追加設定ができるからです。

・「インデックス型投信」

各種指数（日経平均株価や東証株価指数など）のインデックス（指数）をベンチマークとして、そのベンチマークに出来るだけ近い運用成果を目指す運用手法です。ベンチマークとは、ファンドの運用の目安や運用成果を測るための基準となるものです。インデックス型投信について少し触れておきます。

「信託報酬」と言って投資家が運用会社に支払う手数料がアクティブ型と比べると安い点、が運用成績にプラスされます。インデックス型は通常年0・2〜0・4%程度です。アクティブ型の信託報酬は2〜3%となっており、長期の運用成績に大きな影響を与えます。

信託報酬とは、その投資信託が続く限り支払う手数料で、その投資信託を販売した証券会社や銀行、投資信託を作った委託会社、投資信託を保管・管理する信託銀行などにそれぞれ手数料として決算の都度支払うものです。

・「アクティブ型投信」

インデックスに対する言葉としてアクティブという言葉を使います。あらかじめ定めた目標よりも、高い収益率の獲得を目指して運用する投資信託です。そのために運用する人（ファンドマネージャー）は、経済、金利、企業の調査・分析を行うなど、情報の収集にコストがかかります。また、絶えず銘柄の入替を行うなど手数料もかかります。そのためにインデックスよりもコストのかかる分、収益が落ちるとされています。

・「特殊型投信」

投資者に対して、注意を喚起することが必要な特殊のしくみ・運用を用いるもの。デリバティブ取引を用いているなど、説明を聞いてもなかなか理解のできない投資信託です。

初心者向けの投資信託として、バランス型投資信託とターゲットイヤー（ライフサイクル）型投資信託があります。

・「バランス型投資信託」

バランス型投資信託とは、複数の資産（株式や債券など）に投資する投資信託のことです。先進国の株式と国内債券を組み合わせたり、外国の株式と債券、国内株式と債券の計４種を組み合わせたものなど、その構成は様々です。つまり、様々な資産にバランスよく投資が行われ、分散投資をすることでリスクを抑えた投資信託です。

投資信託には分散投資が必要ですが、具体的にリスクをどのように考え、どのような投資信託をどの程度購入するなど、投資の初心者にとってはわかりません。バランス型投資信託は、分散投資に対する意識を必要としないので、有用な商品と言えます。

バランス型投資信託のデメリットは手数料が高いことです。投資家に代わって分散投資の手間を運用会社が行うので。その手間の料金が多くかかるのです。また、バランス型の中には、他の投資信託に投資しているものもあります（ファンド・オブ・ファンズと呼びます）。投資家にとっては、投資信託に二重で投資している構造になるため、手数料も大きくなります。

通常の投資信託では複数の株式や債券を購入します。ファンド・オブ・ファンズとは複数の投資信託を組み入れる投資信託のことです。

確かに運用成績は良くなるかも知れませんが、投資信託には先ほどお話した信託報酬があります。組み入れた投資信託にも信託報酬がかかります。つまりコストが二重にかかります。コストが高いと利益が得ずらくなります。手数料は資産運用においては無視出来ないポイントです。自分の手間が省けることのメリットがありますが、手数料の大きさを含めて検討する必要があります。

・「ターゲットイヤー（ライフサイクル）型投資信託」

ターゲットイヤーファンドは、イデコではＳＢＩ証券、楽天証券、りそな銀行など証券会社、銀行など多くの金融機関で採用されています。

ターゲットイヤーファンドとは、一度ファンドの選択をしたら、後はなにもしなくてもよい投資信託です。10年経過すると自動的に株式の組み入れを減らし、債券の組み入れを増やしていき、また10年経過すると株式の割合をさらに減らして、債券の割合を増やしていくような投資信託です。例えば、バランス型ファンド２０２０、２０３０、２０４０、２０５０というのがあります。

投資方針として、それぞれ安定運用開始時期が定められており、当初設定以降、安定運用開始時期に近づくにしたがって、定期的に株式の実質組み入れ漸減と、公社債および短期金融商品の実質組み入れの漸増が行われます。

２０５０年を選択した場合、最初の10年は、株式90％、債券10％。当初設定後10年を経過した時点での基本ポートフォリオは、２０４０の基本ポート不フォリオと同じ内容になります。株式70％。債券30％。さらに10年経過した時点での基本ポートフォリオは、２０３０の基本ポートフォリオと同じ内容になります。株式40％。債券60％。

このように時間の経過と共に、またファンドの購入者の年齢の向上と共に自動的に株価等の変動リスクを低減させることを目指しています。

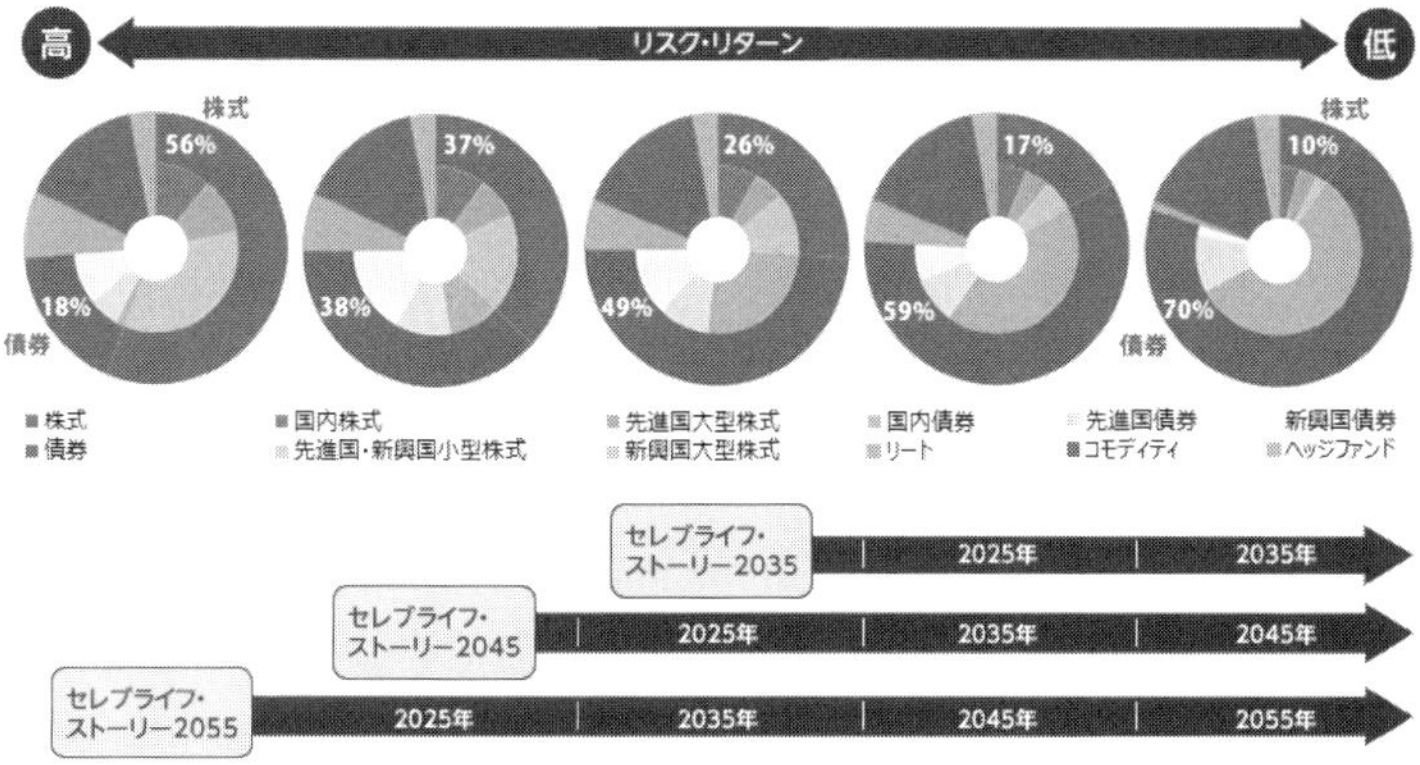

ターゲットイヤーファンドの例（モーニングスターの資料より）

このような投資信託を選んだら、自分で何もしなくても年数が来ると自動的に運用を変えていくので、投資信託の知識がなくてもいいわけです。

日本では確定拠出型年金の商品選択は、実際に企業型の約５割、イデコの約６割が元本確保型の定期預金を選んでいます。

確定拠出年金には、加入後に運用手段を選ばないと自動的に「デフォルト（初期設定）商品」が選択される仕組みがあります。企業年金連合によりますと、運用手段にデフォルト商品を設定している企業の７割が依然として元本保証型を選択しています。

確定拠出年金は、投資の勉強しなくて済むターゲットイヤー型がいい。資産配分の調整などはすべてファンド側で自動的に行ってくれるので、手軽に投資を行うことができます。

「佐久間さん。いまいくつ？」

「35歳です」

「老後のことを考えて準備しないといけませんね」

「まだまだ俺は若いし、老後のことなんか今から考えられない」

たしかに65歳まで時間はあります。しかし、老後資金をつくるのは若いうちからコツコツとやった方がおトクです。ライフプランに合わせて最適な運用ができるターゲットイヤー型ファンドを利用すれば、何も自分で運用しなくても、資産を作っていけるのです。

「確かに老後のお金を作るのに簡単なようだ」と佐久間さん。

そう。銀行に黙って預金しているのと同じです。運用期間の経過とともに株式を減らして、リスクを抑える運用に切り替えていくため、リスクをコントロールした投資が可能です。米国では確定拠出年金の主力商品として広く普及しています。

日本においては、デフォルトファンド（最初に何も指示しない人の運用）は主に定期預金となっています。その結果、２００１年にスタートした時から運

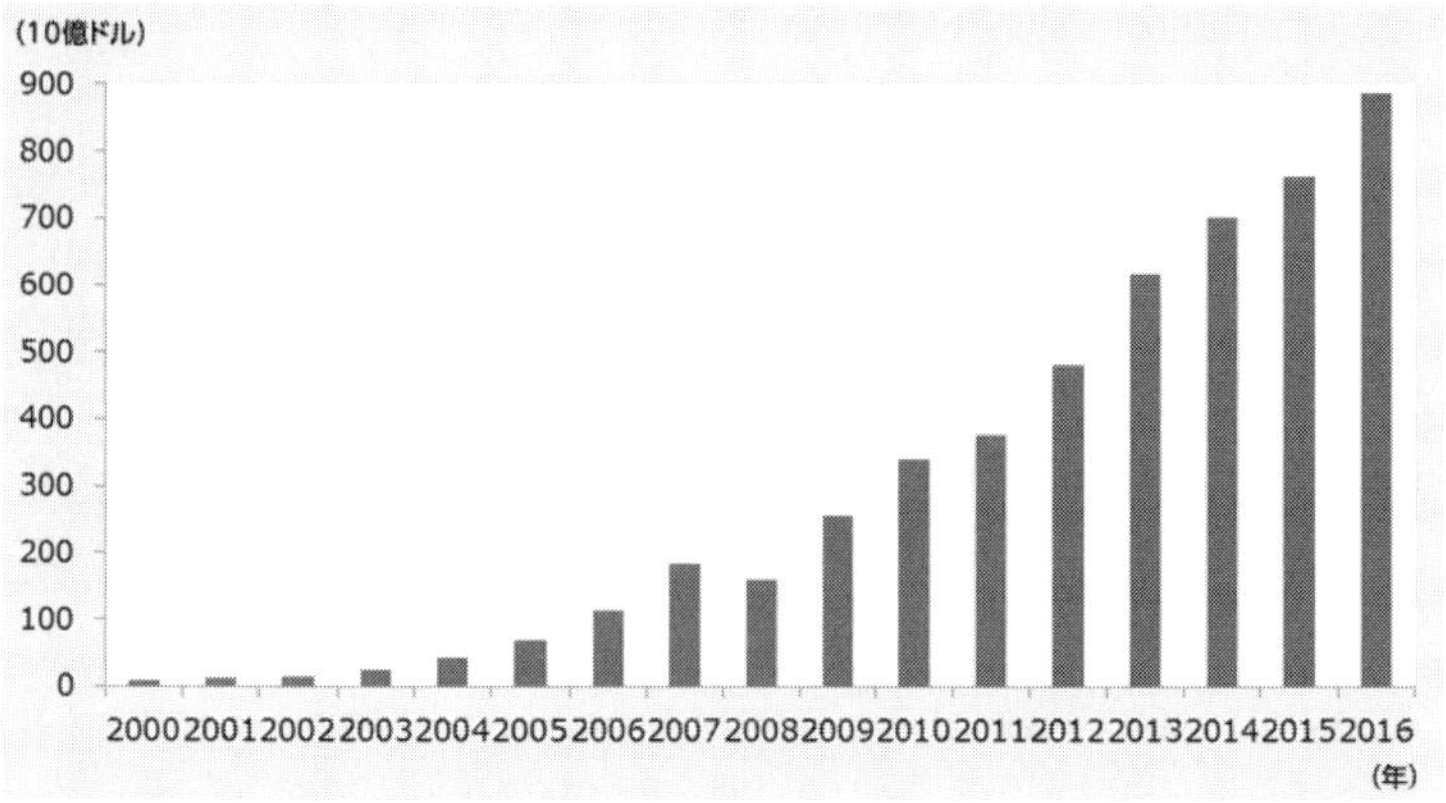

米国の確定拠出年金市場におけるターゲットイヤー型ファンドの
残高推移（米国投資信託協会より、SBIアセットマネジメントが作成）

用の指図をしないで放っていた人は、元本を割り込んでいます。そのため２０１８年６月にデフォルトファンドの基準が省令で示されました。

確定拠出年金は、長期の資産形成を目的とする制度ですが、金利がほぼゼロに近い定期預金などで運用していても、将来の年金資産を十分に増やすことはできません。商品を指図できなくて、運用指図をしていない人の掛け金を自動的に投じる「初期設定（デフォルト）商品」についてもルールを明確にしました。元本確保型にとどまりがちな加入者に対して、分散投資を促す狙いがあります。

確定拠出年金の運用商品の品ぞろえは従来の「３本以上、うち１本は元本確保型」から、「リスク・リターンの異なる３本以上35本以下の金融商品」に変更されました。

この改正で商品数に上限を設けたほか、元本確保型は義務ではなくなりました。

現時点で運用商品が35本を超えている運営管理機関は、２０２３年４月末までにその数を減らすことになり、数多くの中から選択することのわずらわしさからの変更も併せて行われます。

今後ターゲットイヤー型ファンドの普及が期待されています。

◎受講者の反応

「始めてみたいと思うけれど、投資信託は難しいよ」と坂巻さん。１００円、１０００円できる投資信託もあるので、まず始めてみたらどう。やってみないとわからない。

「刑務所の中で金融の話を聞けるとは思ってもいなかった」と金子さん。

「オレは若い。ターゲットイヤー型なら知識がなくてもできるので始めてみたい」と浅沼さん。

投資信託の話は、この講座の中で一番わかりずらいところだと思う。しかし、国民年金だけの受給額は低く、個人型確定拠出年金で少しでも補う必要がある。また、年齢の高い受講者は、NISAで補うことになり、どちらも投資信託が不可欠となる。だれでもはじめてのことはわからないのが当たり前。しかし、「今まで誰もこのようなことを教えてくれなかった」との声が聞こえ、出所後に改めて学びたいとの目標を持つことが出来たのではないかと考えられる。受講者は、やはり投資の勉強は苦手のよう。しかし、銀行に預金しているつもりであれば、一回、ターゲットイヤー型を選ぶだけでいいので、年数の経過とともに自動的に運用方法を変えていってくれる。これなら自分でできると前向きに関心を示した感じ。

4 生活目標

❖カーネル・サンダースの〝ルール〟

「店頭に立っている白いスーツを着て微笑んでる老人の人形を見たことのある人？」
ほとんどの人が見ています。

ケンタッキー・フライドチキン（ＫＦＣ）のカーネル・サンダースは、７歳の時、一人で手作りしたライ麦パンを母親に喜んでもらった体験から、「本当においしいものは人を幸せにできる」ことを学んだと言われています。彼は、６歳で父親を亡くしたため10歳頃から農場に出るようになり、14歳の時に学校をやめてからは農場の仕事のほかに市電の車掌として働きました。16歳で軍隊に入り翌年除隊後は機関車修理工、保険外交員、セールスなどさまざまな職を転々とし、30代後半にガソリンスタンドの経営を始めました。40歳の時、その一角に６席だけの小さなレストラン「サンダース・カフェ」をオープンしました。この店の目玉商品がフライドチキンでした。

11種の秘伝スパイスと１００％植物油を使って圧力鍋で揚げる「オリジナルチキン」は大ヒットしましたが、サンダースは新しいビジネスモデルを作りました。それは、ワゴン車で片っ端からレストランなどを訪れ、「フライドチキンの調理法を教える代わりに売上の一部が欲しい」というものでした。実に１００９件も断られ、１０１０件目でようやく契約に成功しました。そのケンタッキー・フライドチキンは、１９６４年までに米国とカナダに６００店舗を越えるフランチャイズ網を築きました。日本には１９７０年に進出し、サンダース自身も何度も来日しています。日本の製品が気に入っていたようで、「自分のやり方を最も忠実に守っているのが日本だ」と話していたそうです。

カーネル・サンダースは次のような言葉を残しています。

「私のもとで働く人は、自宅ですらたばこを吸ってはいけないという〝ルール〟を決めました。私が払う給料は、燃やして煙にしてしまうためのお金ではなく、家族においしい食事を出すためのお金、何か人生を豊かにするために蓄えておくお金として使ってもらいたいのです」

また、「一番大切なことは、誰か他人のために善きことを行うにしても、やってしまったことを償うにしても、人生に無駄なことはない。すべての行いに意味がある」とも言っています。

❖幸運・ツキを呼ぶ人の５つの習慣

成功を信じているところに成功はやってくる。いくつになっても夢を持ち続けることが大切です。幸運やツキは自然にやってくることではありません。幸運に恵まれると、「あの人はたまたま運が良かっただけさ」なんて言葉を聞きます。しかし、運やツキはそれなりの努力をしている人が得ることが出来るのです。幸運やツキを呼ぶ５つの習慣があります。この中の１つでも自分でやってみてはどうでしょうか。運もめぐってくるかも知れません。

受刑者は刑務所を出所しても、ゼロからの出発ではなくマイナスからの出発であることを自覚していています。人間は信用されなくなったら非情に寂しいし、切ないものです。しかも一度失われた信用を取り戻すには、大変な努力が要ります。

私は、講義の中で、幸運・ツキを呼ぶ人の５つの習慣についてお話しています。この中の１つでもいいから始めてみると人生が変わります。

５つの習慣とは、①「ありがとう」という言葉を口癖にする、②姿勢をよくする、③早起きで段取り上手になる、④読書や人の話をよく聞く、⑤夢を持ち続ける、です。それぞれ詳しく説明します。

①「ありがとう」という言葉を口癖にする

「ありがとう」という言葉が自然に出てくることはとても大事なことです。

例えば、不景気の中、会社が吸収合併されることになり、人員過剰を理由に社員をリストラしなければならなくなりました。人事担当者は一人ひとりの社員に雇用の継続ができないことを説明していきました。当然、愚痴やら文句の一つも出るでしょう。しかし、その中にただ一人、「ありがとうございました」という社員がいました。

「リストラされるのになぜ『ありがとう』といったのでしょうか？」

「今まで勤めてきて、給料をもらい、それで生活ができたからではないですか」と加藤さん。

そうです。この社員はいつも感謝の気持ちを持っていたため「ありがとう」という言葉が自然に出てきたのです。人事担当者は、彼をリストラせずに、いままでよりも地位を上げ、給料を上げて引き留めたとの話です。

②姿勢をよくする

歩いていても、腰かけていても背筋をピンと伸ばしていると、気持ちのよいものです。

刑務所の運動会で受刑者たちの行進を見学しました。背筋を伸ばし、みな胸を張って堂々と行進していました。背を丸めて、だらだら歩いている人は一人もいませんでした。

「皆さん、あの時何を考えて行進していましたか。おそらく明日に向かって、希望に満ちて行進していたのではないでしょうか」

運動会の行進をいつも頭に描いて、いつも姿勢をよくしていれば、運もツキもめぐってくるかもしれません。

③早起きで段取り上手になる

朝は早く起きて、今日はこうして、ああしてと優先順位を決めて一日の段取りを考える。きっと能率も上がることでしょう。寝坊している人には、運もツキも回ってこないでしょうね。

「山田さん。何か似たような諺があると思いますが、知っていますか？」

「早起きは三文の得です」

④読書や人の話をよく聞く

常に読書する習慣があると、人の話もよく聞くので情報も入ってくることになります。

相手の話をよく聞く、特に失敗談は大切な情報源になり、自分が失敗しないようにする知恵を与えてくれます。

⑤夢を持ち続ける

夢を持ち続けていくと、夢の実現のための具体的な目標が見えてきます。冒頭のカーネル・サンダースの例がまさにそうですね。しかし、まだまだ夢を持ち続けた人もいるのです。

今では当たり前のように使われている電球も、一生懸命苦労して発明した人がいました。トーマス・エジソンです。エジソンは、学校の先生から「バカすぎて何も学べない子」と言われ、小学校を中退しています。初めてやった仕事はクビ、その次にやった仕事もクビ。

そのエジソンが、白熱電球のフィラメントの素材を竹に絞り、１２００種類もの竹で実験し、長時間の点灯に失敗すること２万回と言われています。最も難しかったのが「フィラメント」のようです。しかしエジソンはこう言っています。

「私は、実験において失敗など一度たりともしていない。これでは電球は光らないという発見を、いままでに２万回してきたのだ」

エジソンは発明王と呼ばれていますが、同時に失敗王でもあったのです。電球も最近は少なくなり、省エネ効果のある蛍光灯ＬＥＤに代わってきました。

最後に、幸運やツキと縁のない人生を送る人はどんな人か、お話しします。

そんなこと「ムリ」だよ、そんなこと「ムダ」だよ、そんなこと「ムズカシイ」よ、そんなこと「出来っこない」よ

このように何でも否定する人は、自らの脳のシャッターを閉じているため、少しも前に進む

ことができなくなります。努力しない人は、運やツキからも見放されるということを覚えておいてください。

◎**受講者の反応**

「これまで、ありがとうという言葉が言えず、人との付き合いがうまくいかなかったが、これからは自分から積極的にありがとうと言えるように努力してみる」と武藤さん。

5

二宮金次郎に学ぶこと

❖二宮金次郎像も座った姿になる時代

「蓄財」という言葉が最も分かりやすい人物が二宮金次郎《にのみやきんじろう》です。日本語には勤勉と節約を一緒にした「勤倹」という言葉がありますが、その代表的な人が二宮金次郎です。

金次郎は、子供のころから生計を助けるために柴刈りをし、その柴を背負って歩きながら本を読んで勉強していました。

「二宮金次郎って知っている？」

「薪《まき》を背負っていながら勉強している銅像があった」と全員が知っている。

「金次郎が背負っているのは薪かな？　昔話で『おばあさんは川に洗濯に』ってあったでしょ。じゃ、おじいさんは山に何しに行ったの？」

「柴刈りに」だと中川さん。

「その通り。背負っているのは薪ではなくて柴《しば》のようだね。薪は木の幹や枝を割った太い物だから重い。柴はあまり大きくない雑木や枝などでい。一般に燃料として使われていました。何で山から柴を背負ってきたんでしょうか？」

「昔は電気もガスもなかったから燃料として使われていたのでは」と中井さん。

お湯を沸かすにもご飯を炊くにも燃料として柴が使われていました。柴を背負って村を歩けば、村人にすぐに売れます。つまり山で柴を集め（生産）、運び（運搬）、売る（販売）の３つの業務を一人でこなしたため、効率よくお金を稼ぐことができたのです。

座って本を読む金次郎像
（小田原市立豊川小学校）

また、二宮金次郎は時間を惜しんで勉学に励みました。昔は自動車もなかったので、歩きながら本を読んでも問題はなかったでしょうが、時代が変わるとそうもいかなくなってきました。歩きスマホが問題になった時、二宮金次郎の銅像の姿への見方も変わってきました。児童が真似すると交通事故にあうかもしれないと考えられたのか、「座って本を読む金次郎」の像が栃木県日光市の小学校に設置されました。栃木県真岡市の二宮尊徳資料館によると、このほかにも「草履を手に持った金次郎」など新しいタイプの像がいろいろと設置されているようです。

神奈川県小田原市の農家に生まれた金次郎は、幼い頃に両親が早死にし、兄弟とも離れ離れになってしまいましたが、苦労しながら没落した家を再興します。その手腕を買われて、いくつもの藩や村の復興に尽力しました。いまでいう再生請負人です。

「二宮金次郎が立て直した藩や村はどれくらいあると思いますか？」

中井さん「20くらいかな」

「実は600以上の藩や村の立て直しをしているんです」

「そんなにたくさん」と、みな驚きます。

なぜ二宮金次郎の話をしているかというと、金次郎がお金について考えていたこと、行ったことが、今の時代にもピッタリ合うからです。

二宮金次郎は、二宮尊徳《たかのり》の名でも知られる江戸後期の農政家であり思想家です。徹底した実践主義者で、当時としては型破りなことばかり行っていました。

誰がいちばん真面目に働いたかを村民投票で決めて、優秀者には金次郎の私費で褒美を渡しました。また、他所から百姓を入れて、新しい土地を開拓しました。さらに、小作人でも頑張れば土地を与えて本百姓に登用する。

このように、それまでの封建的な制度をぶち壊し、革命を起こしたと言っても過言ではないようなことを次々とやってのけたのです。

❖二宮金次郎がやったことが今の時代にも通用する

ここで、金次郎が今の時代でも通用することを実践していたことを3つ取り上げます。「分度《ふんど》」、「積小為大」、「推譲」です。

①分度

分度とは「分に従って度を立てること」という、本来身分上の制約に関する言葉ですが、金次郎は分度をお金に代えて考え、それぞれ生活の分を定め、その分内において日々の暮らしを立てることを人々に説いていました。「入るを測って出ずるを制し、収入に応じて生活の程度を定める」。つまり、入ってきたお金を見て、出るお金を考えようということです。収入以上の生活をしてはならないことはもちろん、収入とぎりぎりの生活をしてもならない。出るお金が多かったら、その分稼ぎなさいということです。

では、日本の国を見てみましょう。

「税金などで国に入ってくるお金（歳入と言います）はどれくらいだと思いますか？」

「1兆円くらいかな」と中込さん。永井さんは「10兆円くらい」。

正解は、2019年度はおよそ68・8兆円です。

「では、出ていくお金（歳出と言います）はどれくらいでしょうか？」

中畑さん「分からない。見当もつかない」

「では、入ってくるお金68・8兆円よりも多いか少ないか？」

中畑さんと長野さんは「少ないと思う」と答え、中村さんは「出ていく方が多いと思う」。

正解は、出ていく方が多いのです。実際の金額は2019年度は101・5兆円です。入ってくるお金より出ていくお金の方が多い。この数字を見たら二宮尊徳は何と言うでしょうか。分度の考えからは、「国は何をしている。入ってくるお金で、出るお金を考えろ。あるいは出るお金が多かったら、入るお金を考えろ」と声高に言うでしょうね。

余談ですが、1兆円とは、1万円札を積み上げていったらどのくらいの高さになるかを受講者に聞いてみました。

Ａ．スカイツリーの高さ（６３４メートル）………少し手が挙がる
Ｂ．富士山の高さ（３７７６メートル）…………多くの手が挙がる
Ｃ．飛行機の飛んでいる高さ（1万メートル）……手が上がらない

１００万円の厚さが1センチです。後で部屋に戻ったら1兆円になるまでゼロを足していって計算してみてください。ちょうど飛行機の高さ、1万メートルになります。

②積小為大《せきしょういだい》

積小為大とは、「小さい事が積み重なって大きな事になる。だから大きな事を成し遂げようと思うなら、小さい事をおろそかにしてはいけない」という意味です。小銭だと言ってバカにしないこと。ムダを省いて種銭《たねせん》を作ること。小さいことを怠らず努力を積むことなどを言います。

毎晩勉強していた金次郎は、読書をするための油代を稼ぐために荒地に菜種を植え、たった一握りの菜種から7〜8升の収穫になったことや、捨て苗を荒地で丹精こめて育てて秋には一俵の籾を収穫しました。自然の恵みと人の力の素晴らしさを知ると共に、小さな努力の積み重ねが大切（積小為大）だということを学んだのです。これが後の行いや考え方の基になりました。

「川の流れの一番の元は何だろうと考えたことありますか？」

「何だろう。考えたことがない」と中津さん。

二宮金次郎は、川の一番の元はどうなっているのか一生懸命考えました。山の奥深いところ

の一滴一滴の水が集まり、渓谷の川となって尽きることなく流れている。この谷川の情景に「積小為大」の原理原則を見ているのです。

大きなことを成し遂げるには、小さなことを積み重ねなければならない。現在大きくなっている会社、たとえばソニーも松下電器（パナソニック）も初めは一人、二人、三人から次第に大きくなって、何万人の会社となっています。財産も同じで、少しのお金からコツコツとためていって大きな財産ができるのです。

③推譲《すいじょう》

お金はただためこむだけではなく、回していくことが大切だと二宮尊徳は言っています。尊徳は、無駄を省いて種銭を作り、余らせた分を自分のため、家族のため、地域のため、国のために差し出すという思想の持主でした。

得た利益は全て使わず、分度を立てて2割は残す。そして1割は自分のため、残り1割は社会のために使うことを推奨しました。自分のための1割というのは、いざという時のための備えです。病気をするかもしれませんから。

残りの1割は、自分が今日あるのは世の中があってのこと、という形での推譲です。企業でいえば、利益が出たら、剰余金の1割を従業員と会社の為に、1割は会社を支持してくれるお得意さん、いわゆる社会のためにということです。

東日本大震災の時の津波や水害の被害を見ると、「人のために何かをしよう」という気持ちが揺り起こされるでしょう。人に喜んでもらうために「おもてなしをしよう」。日本人にはこうした長年の伝統に培われた「推譲」の心が生きているのです。

「人間と動物のちがいは、どこにあるでしょうか？」

「人間は字を書くが、動物は書けない」と二村さん。

人間には「譲る」という気持ちがあることもその一つだと思います。尊徳はこの「譲る」という精神から画期的な相互扶助金融制度として「五常講」という組織を作りました。この組織は、ヨーロッパの生活協同組合、農業協同組合より20年も前に設立された、世界で初めての信用組合なのです。

簡単にいえば五常とは、「仁」「義」「礼」「智」「信」という儒教が重んじる５つの徳目を意味します。
○仁………お金に余裕のある人がこの「講」に貸し出し基金を寄せる。
○義………この講から借りる人は約束を守って確実に返済する。
○礼………この講から借りた人は貸してくれた人（基金を寄せた人）に感謝する。
○智………借りた人は確実かつ１日でも早く返済できるように努力工夫する。
○信………金の貸し借りには相互の信頼関係が欠かせない。
これら５つの徳目を守る人たちだけによって構成される講が「五常講貸金」という相互扶助の金融制度です。五常講では、金次郎個人のお金を皆に貸すのではなく、働く者が互いに助け合って皆のお金を皆に貸したのです。これは個人金融から団体金融への転換であり、後の信用組合の原型といえます。

貧富の差についての二宮尊徳の言葉があります。

〃富と貧は元来遠く隔たるものではない。心得一つにより富と貧の差が出る〃

つまり「貧者は昨日のために今日働く…過去の借金のために今日働く」「富者は明日のために今日働く…将来の預金のために今日働く」ということです。

「同じ働くのなら、どちらの気持ちで働きたいですか？」

丹羽さん「将来の預金のため」

◎受講者の反応

「分度・積小為大・推譲と難しい言葉が出てきたが、説明がわかりやすかった」と中津さん。

「二宮金次郎なんて江戸時代の人がなぜ出てくるのか不思議に思ったが、今の世の中にも通用する考えを持っていたことにびっくりした」と二村さん。

6

本多静六に学ぶ「お金を貯める方法」

❖四分の一天引貯蓄で財をなす

「本多静六《ほんだせいろく》という人を知っていますか？」誰も手が挙がらない。

「では、明治神宮と日比谷公園を知っている人？」全員の手が挙がる。

本多静六（１８６６〜１９５２年）は、明治神宮や日比谷公園をはじめ、全国の名高い公園の設計・造園を手掛けた林学博士で、「公園の父」と呼ばれている人です。

この本多静六さんは、東京大学の教授になったとたんに、にわかに居候が増えて扶養家族が９人となり、貧乏のどん底となりました。貧乏だから節約するのではなく、貧乏から脱出するにはどうしたらいいか、自発的、積極的に勤倹貯蓄に努めてこちらから貧乏をやっつけようと考えました。

そこで断然決意して実行したのが、本多式「四分の一天引貯金法」です。

収入があったときは、容赦なくその四分の一を天引にして貯金してしまう。そして残りの四分の三で苦しい生活を覚悟のうえで押し通し、莫大な財産を築きました。また本多静六は、60歳の大学教授定年と共に、全財産を公共事業に寄付したことでも有名です。

「収入のうち四分の一を除いて生活できると思う人？」誰も手が上がらない。

「西川さん。四分の一なくなると生活できませんか？」

「それでなくても収入が少ないのでムリだ」と西村さん。

確かに四分の一もなくなるというのは大変なことです。しかし、貧乏から脱出するにはそのくらいの覚悟が必要だともいえます。先ほど、大きな財産を作るためにはコツコツと継続するということが大事だとお話しました。

本多家では、月末になるとお金が無くなり、ご飯にごま塩をかけて済ませたこともあったようです。子供たちが「お母さん、今夜もごま塩？」と泣き顔になると、お母さんは月給日を数えて「もう3つ寝るとオトトを買ってあげますよ」となだめています。これにはさすがの静六も「断腸の思い」と記しています。

静六は、「この計画はあくまでしっかりした理性の上に成り立っている。気の毒だとか、かわいそうだなどというのは一時的、しかもつまらぬ感情の問題である。この際、この感情に負けてはならぬと歯を食いしばった」と、著書『私の財産告白』に書いています。

四分の一天引預金を続けていけば3年目にはこれこれ、5年目にはこれこれ、10年目にはこれこれになる、今の苦しさは、苦しいのを逃れるための苦しさだから我慢してくれと家内を説いたとしています。貯金生活を続けていく上に一番の障りにな

本多静六

るのが虚栄心。今までのしきたりや習慣にとらわれることなく、一切の見栄さえなくせば四分の一天引生活くらいは誰でもできる。貯金を作る生活は、先ず、家計簿をつける生活から始めなければならないと力説しています。

「お金というのは雪だるまのようで、初めはほんの小さな玉でも、その中心になる玉ができると、あとは面白いように大きくなっていく。私の場合そうであったので、誰がやっても同じことと思う。だから確信をもって人に勧めることが出来る」とも言っています。

❖貯金は雪だるまの芯のようなもの

「本多静六は、景気の良い時は貯金しなさいと言っていますが、なぜでしょう？」

沼田さん「分からない」

「バブルの頃を思い出してください。信託銀行の年利回りが９％、１０００万円預けると９万円も利息が付きました。記憶にある人いますか？」

ほとんどが覚えていないし、そもそも預金などしていないという。

「バブルの頃、デパートで１０００円のネクタイが売れませんでした。どうしたら売れるでしょうか」

「値段を下げればいい」と根津さん。

今の時代ならば正解かもしれません。しかしバブルの時は値段を上げないと売れなかったのです。なぜならば、今買わないと明日はもっと上がるかもしれない、ということで、お金が動いていました。デフレの時は、今買わなくても明日はもっと安くなるかもしれない、ということでお金が動きません。

「そんな事があったかもしれない」と根本さん。

景気の良い時は物がよく売れる、売れるから高くなる。高くなるからお金が動くということなのです。そういう時、日銀は物価を抑えるために金利を引き上げます。バブルの頃の金利は6％でした。金利が高いということは銀行の利息も高くなります。つまり、銀行にお金を預けておくだけで、資産は確実に増えていきました。

「反対に景気の悪い時は株式を買う。これはわかりますか？」

野川さん「景気の悪い時は株が安いから」

その通りです。景気が悪い時は会社も利益が上がらない。したがって株価が低いのです。

本多静六は、貯金で雪だるまの芯が出来たら、新しく積極的な利殖法を考えました。それは投機ではなく、堅実な株式投資です。

❖本多式投資法は「投機」的方法はやらない

何事においても、成功を期すために心得ておかなければならないことは、「時節を待つ」ということです。焦らず、怠らず、時の来るのを待つことです。これは本多静六の言葉です。

本多静六が蓄財に成功したのは、株式と土地山林でした。株式については「二割利食《りぐ》い、十割益半分手放し」という方法を徹底していました。

①二割利食い

本多静六は、株式を買い付けるための資金を全額用意して、買付は取引が容易な「先物」を常に選んでいました。少し難しいかと思いますが、先物とは、将来のあらかじめ定められた期日に、特定の株式を現在の時点で取り決めた価格で売買することを約束する取引のことです。少しの証拠金を差し入れて売買ができるため、投機的な売買となります。

本多静六は、決済日前に買値の二割の利益が出たらすぐに転売し、預金に戻しました。利益の確保を優先し、それ以上に欲張らないと決めていたのです。

前に「投資」と「投機」の違いをお話しました。本多静六の場合は、資金を持っていなくとも買える「投機」ではなく、資金を全額用意しているため「投資」という言葉を使っています。

②十割益半分手放し

この投資方法は、実際に株式を保有している場合のやり方です。長期保有もできるため、株価が二倍になるまで待ち、そこで手持ちの半分だけ売るのです。半分売れば元が取れますし、残った株は暴落しても損はしませんし、暴騰すればさらに儲かることになります。

本田静六は、「投資に必ず勝利を収めようと思う人は、何時も、静かに景気の循環を洞察して、好景気の時は勤倹貯蓄を、不景気の時は思い切った投資を、時期を逸せず、巧みに繰り返すように勧めること」と力説しています。

本多静六は林学博士ですから、山林に対する興味と研究は、学問と実際を結びつけるために大いに役立ちました。

埼玉県秩父郡大滝村中津川（現秩父市）の共有林、私有林を台帳面４８００余町歩（２７００ha）買付けましたが、昭和５年（１９３０年）にこれを埼玉県に寄贈しました。その際に寄付希望条件が付けられ「本多静六博士奨学金」が設けられ、現在も埼玉県が毎年募集しています。

❖複利の怖さがわかる「72の法則」

「72の法則」という言葉をファイナンシャル・プランナーの皆さんがよく使います。

例えば１００万円が倍になるのに何年かかるかを計算するには72を年利回りで割ります。。７％で複利運用すると、72÷７％≒約10年で倍の２００万円になります。72という数字を使うことから「72の法則」と呼んでいます。

この法則は、アインシュタイン博士が発見者と伝えられています。

老後の資金として５００万円あるが、倍に増やすには何％で運用したらよいか計算してみましょう。

30年間運用して１０００万円にするには、72÷30年≒２・４％。

20年で倍にしたければ、72÷20年≒３・６％。

では、お金を借りていた場合について、１００万円の借り入れで８％の利息を支払う場合を計算してみましょう。72÷８％≒９年。つまり９年経つと１００万円の借り入れが２００万円支払うことになります。

「先生、それは借りたお金を返さなかった場合であり、返済していれば２００万円にはなりません」と山田さん。

「その通りです。借りたお金を返さない場合は９年で２００万円になります」

なぜ２倍にもなってしまうのか。「複利」という利息の仕組みがわかると理解できます。複利とは、１年間の利息が元本に組み込まれ、さらに利息が付きます。72の法則は複利と利回りの関係を表したものです。

日本では、いろいろなところからお金を借りて返済できなくなる多重債務者が問題になっています。このような金利の知識、特に複利について、学校や家庭でも教える必要があります。

◎受講者の反応

「今まで遊ぶためにお金を稼いでいたが、四分の一はムリかもしれないが、貯金するようにしていく」と西村さん。

「お金について、もっと早く話を聞いておきたかった」と沼田さん。今からでも決して遅くないよ。しっかり貯金していってください。

「出所後、投資について勉強していきたい」と根津さん。

7

仕事をしないと、お金はもらえない

❖ダニエル・カールさんが驚いた日本の家庭の金銭教育

ダニエル・カールさんといえば、「山形弁をしゃべる面白い人」と、知っている受講者もたくさんいました。ダニエルさんは16歳の時、交換留学生として、奈良県五條市にある智辯学園中学・高等学校にやってきました。ここで1年間を過ごしたのですが、日本に来て最初にびっくりしたことがあります。

「ダニエルさんは、どんなことにビックリしたと思いますか？」

「日本の町がきれいなこと」「日本人の親切さ」

それもあるかも知れませんが、実はダニエルさんは日本人とアメリカ人のお金に対する考え方が大きく違うことに驚いたと言っています。

日本の家庭では、親が子供にお小遣いを上げるのはごく普通のことです。「皆さんも当たり前と思っているでしょ？」と聞くと、皆さんうなづいています。日本では当たり前のこの習慣がダニエルさんには理解できなかったそうです。

「私の場合、親からお金をもらうのは、日本で言う小遣いではなく、報酬でした。例えば父親の靴を磨いたり、母親の家事を手伝う。その報酬としてお金をもらっていました。６歳のころには普通に家事を手伝い、給料に近い感覚でお金を稼いでいました。私の家庭だけではなく、知っている限り、アメリカではどこの家も小遣いではなく、家の手伝いをした報酬として子供はお金を手にしていた」とも話しています。

その一方で、日本での生活が長くなってくると、お小遣いの習慣に込められた親のやさしさや子供に金銭感覚を身につけさせるという教育的意義にも気づくようになりましたが、それでも、日本の家庭での金銭教育は、子供の成人、社会的自立にとっては疑問があるそうです。

ダニエルさんのお父さんは、自分で汗を流して稼ぐことの大切さを幼い頃からダニエルさんに機会あるごとに話していたそうです。家庭がお金の教育の場そのものだったのです。

最近では、日本でもお金の話をしている家庭もあるかと思います。

私の娘の家では、テレビでダニエルさんのお話を聞いて、小学校低学年の女の子が毎日、朝晩雨戸の開閉をして１日20円の報酬を得ています。また、洗濯物をたたんだり食器を洗ったりするとお小遣いがもらえると一生懸命励んでいるようです。孫のお友達の中には同じように仕事の報酬としてお金を貰っている子もいるようです。

家族の普段の生活の中でお金について話し教えることは、アメリカでは普通ですが、ダニエルさんの話を聞いて、日本でも同じような家庭が増えてきているのではないかと感じます。

人生で大切なことは、一生懸命働いてお金を稼ぐことであり、お金は自然にやってこない。お金を稼ぐことは自立につながり、あなたの存在価値を認めてくれることになります。お金をたくさん稼いだからもう働かない、という人もいるかもしれませんが、お金があるだけでは社会からは認められることはないでしょう。

私の友人の父親は１００歳まで仕事をしていました。市の公園の掃除です。受け取る報酬はわずかですが、みんなのために公園をきれいにしたいと、毎朝元気に家を出ていきます。健康であれば、職を求めてほしい、いくつになっても働くことが大切です。

❖ダニエル・カールさんの日本食挑戦

ダニエルさんは、交換留学の際、アメリカで留学担当の事務局の先生から「日本で生活すると、自分の口に合わない日本食が必ず出てきます。でも、すぐに食べたくないとは言わず、まずは7回我慢して食べてみなさい」と教えられたと話していました。

早速、豆腐という未知の食べ物に出会いました。味もないし、噛んでいいのか飲み込むだけなのかもはっきりしない。初めは好きになれませんでした。それでも2回、3回とチャレンジして何とか食べました。すると不思議です。4、5回目には嫌いでなくなり、7回目に食べる時は好物に変わっていきました。同じことが、刺身などの魚介類にもあてはまりました。初めはなかなか抵抗がありましたが、何回か我慢して食べていると、だんだんおいしくなり、好物となりました。

この日本食体験から、ダニエルさんは、異なる文化の生活様式はまずは試してみるという習慣を身に付けたそうです。初めてのことに挑戦する、そして継続することは、お金の世界にも通じる点があると思います。

皆さんの中には、お金を動かすことに抵抗を感じている人もいるでしょう。しかし、ダニエルさんのように、試してみればいいんです。積立投資は月に１００円、１０００円からもできる時代です。半年、１年と試してみてはどうでしょう？　初めてのことに挑戦し、そして継続してみたらよいのです。ダニエルさんの日本食への挑戦と同じようにだんだん好きになるかも知れません。

自分の老後に向かって自分の財産を作っていく。今までの自分を変えてみると、また新しい人生が始まっていくかも知れません。

❖カーター大統領の娘エミリーちゃんも稼いでいる

「カーター大統領って知っている？」年配の方の手は挙がるが、若い人は知らないようだ。

アメリカ合衆国第39代大統領。民主党。在職１９７７～１９８１年。今から40年くらい前の大統領です。この大統領にエミリーちゃんという当時10歳くらいの娘さんがいました。彼女は、自宅に大勢の報道陣が集まったところを見計らって、レモネードのスタンドを開いてお金を稼ぎました。大統領の娘さんがこんな形でお金を稼ぐということが理解できますか？

日本で総理大臣の子供が自宅に集まった報道陣にジュースを売り付けたら、きっと大騒ぎになりますよね。日本ならばただで配ると思います。

お金があるとかないとかではなく、アメリカでは、大統領の子供であってもお金は自然にやってくるものではないことはわかっています。小さな時からお金は働いて稼ぐのが当然と思っています。アメリカから起業家（アントレプレーナー）が数多く輩出する理由はここにあると思います。

アメリカの教育では、自主独立の精神を育てる、個性を育てる、そして一番大切なことは自立させることなのです。

◎受講者の反応

「悪行をして稼いだ金は自立とはいえない。しっかり働いてお金を稼ぐ」と西村さん。

「アメリカの子供は小遣いをもらうのではなく、働いた報酬とはびっくりした」と根津さん。

「大統領の子供も働いている。日本では考えられない」と根岸さん。

8 失敗は成功のもと

❖本田宗一郎の名言に学ぶ

自動車のホンダは、知らない人はいないくらい有名な会社です。このホンダ（本田技研工業）を創業したのが本田宗一郎（１９０６〜１９９１年）。トヨタ自動車に就職しようとしたが、落ちてしまったそうです。もしトヨタに入社していたら、今のホンダはなかったかも知れませんね。

小型バイク「スーパーカブ」が大ヒットし、世界最高峰のバイクレース「マン島ＴＴレース」でも優勝しホンダの名を知らしめました。さらに自動車レースの最高峰「Ｆ１」でも優勝し、一気に〝世界のホンダ〟に成長しました。

本田宗一郎さんは、数々の名言を残しています。

〝会社のために働くな。自分のために働け〟

日本では会社のために働いている人がほとんどで、会社のために自分を犠牲にしている人も多いのが現状でしょう。しかし本田さんは〝希望に燃えて入ってきたんだろうと思う。自分のために働くことが絶対条件だ〟と社員全員に話しています。自分が犠牲になったつもりで勤めたり物を作ったりする人間がいるはずがない。だから会社のためと言わずに自分のために働け、ということです。

〝嫌いなことを無理してやったって仕方がないだろう。私は不得手なことは一切やらず、得意なことだけをやるようにしている〟

これも本田さんの名言です。

しかし現実には、みんな生活のために仕方なくいやいやながら働いています。本田さんは、〝一生懸命に働いていることが、同時に会社にプラスとなり、会社をよくする〟とも言い、会社だけよくなって社員が犠牲になる、そんな昔の軍隊のようなことは要求していません。〝自分を良くするためには人まで良くしてやらなければ、自分というものが良くならない〟とも言っています。

江森さんが発言した。「俺たちは、出所した時はゼロからの出発ではなく、マイナスからの出発だと思う。だから、ホンダの社長が言うように自分自身が良くならなければいけないんだと思う」

「そうです。マイナスから立ち直る最善の方法は、人に良くする、人に喜びを与えることだと思います。そのためには自分自身が良くなり、周りの人に良くすることが肝心です」

本田宗一郎さんは、〝成功は99パーセントの失敗に支えられた1パーセントだ〟と言っています。１９７２年に発表したＣＶＣＣ（低公害エンジン）が成功しましたが、この成功の陰にどれだけの失敗があったか。しかし失敗は永久に失敗ではないのです。なぜ失敗したかを検証し改善点を追求していく。この積み重ねがＣＶＣＣの成功につながったのです。

〝どうか失敗を恐れず勇気ある行動をしていただきたい〟

これは、失敗してもよいということではなく、同じ失敗を二度とやってはいけないということです。同じ失敗を繰り返すのは反省のない人です。

ホンダでは失敗した社員を表彰しています。なぜでしょうか。

江森さん「失敗は成功のもと、というからかな？」

失敗した社員を表彰するホンダの制度では、最も失敗した社員には「社長賞」まで与えられているそうです。

〝いやいやながら仕事をするな。喜んで仕事をしようよ〟

〝世の中へ生まれたときは、働き虫で生まれたんじゃない。やっぱり何か楽しみたいんです〟

本田宗一郎さんは、こう言っています。

「本当は、俺は楽しみたいから、その楽しむための時間と金が欲しいんだよ。それで一生懸命働いたんだ。だから、一番大事なことは楽しむことなんです。楽しむと言っても、金だけあっても楽しめない。時間というものがなければならない。そこで能率を上げれば、時間と金の両方が得られる。要するに、能率を上げるとか、働くとかいう問題は、自分の楽しいという目的があるから、やるんだ。そうやっているうちに、働くことに興味を覚えて、これがレクリエーションになっちゃった、ということなんだ」

みなさんも、本田さんのように楽しむことを考えましょう。そのためにお金を稼ごうよ。そうすれば、喜んで仕事ができるようになるかも知れない。

❖人生は失敗の連続

失敗について考えてみましょう。プロ野球のイチロー選手は偉大な3割バッターです。

「3割バッターというのはどういうことかわかりますか？」

「10回打席に立って3回ヒットすること」と大下さん。

その通りですが、イチロー選手自身は、「自分は10回打席に立って7回失敗している」と言っています。失敗のたびにくよくよせず、7回失敗したことを常に反省の材料にしているのです。その結果が3回打てることに繋がっているのですと話していました。

「野球は失敗のスポーツ、打者は3割打てば一流と言われる。機会のうち7割は失敗している。失敗を挫折や委縮のための材料ではなく、より前に進むためのポジティブな糧として活用している」

偉大な打者の言葉です。

アメリカでも「一度も失敗した経験のない者は成功できない」ということわざがあります。アインシュタインは「挫折を経験したことがない者は、何も新しいことに挑戦したことがない」と言っています。失敗に対する前向きの考え方は世界共通のようです。

うまくいくことばかりでは問題がある、失敗することに価値があることを成功者や偉人は教えてくれています。失敗して落ち込んでも何も始まりません。みなさんも、一度や二度の失敗にくよくよしないで、元気を出して、前に進みましょう。

失敗が成功に結びついた例をいくつか紹介しましょう。

お酒のおつまみとして人気のある三日月形の柿の種は、浪花屋製菓（新潟県）の創業者・今井与三郎氏が作り出しました。ある日、妻があられを作る金型を誤って踏み潰してしまいました。その曲がった金型をそのまま利用したら、ゆがんだあられが出来ました。それを見た今井氏の友人が言った「柿の種に似ている」という言葉をヒントに商品名にして大正14年に売り出しました。商標登録されなかったため多くの会社で生産され、大ヒット商品になりました。

今では、柿の種とピーナッツを混ぜた「柿ピー」も人気ですが、金型を誤って踏み潰すという失敗が成功へのきっかけとなったのです。

世界中で愛飲されているコカ・コーラ。１８８６年、薬剤師のベンバートンは、薫り高いカラメル入りの調合シロップを作り、そのシロップを水に薄めて提供していました。ところが間違えて炭酸水で割って提供したところ、試飲した人たちが「他にはない味」と絶賛しました。これを１杯５セントで売り出したところ、だんだん広まっていきました。

今では２００を超える国・地域で飲まれるようになったの、水と炭酸を間違えたのがきっかけでした。

次は合成繊維のナイロンです。アメリカの化学メーカー、デュポンの研究者であったカロザースが１９３５年に発明しました。彼は絹などの天然繊維を全く含まない人口繊維を作り出そうと試みましたが、研究は思うように進みませんでした。ある時、失敗した試作品の残りカスをガラス棒の先端に付けて引っ張ると、糸のように伸びました。そこから研究を重ね、強度の強い人工繊維の製造に成功したのです。これをデュポン社が「鋼鉄よりも強く、クモの糸より細い」というキャッチフレーズで売り出し、ストッキングや歯ブラシなどに採用されました。現在も自動車、航空宇宙、医療などの分野でも広く応用されているナイロン技術は、失敗した試作品のカスから生まれたのです。

◎受講者の反応

「出所したら、ゼロからではなくマイナスからの出発となる。ホンダの社長の言葉のように、人に良くすることを心がけ、早く仕事の感覚を取り戻したい」と江森さん。

「失敗するとすぐに落ち込んでしまう。これからは失敗を前向きに捉えたい」と山田さん。

9　健康と保障

❖不測の事態に備える健康保険

現在、公的な健康保険は大きく分けて、被用者保険と国民健康保険の２つあります。被用者保険は、サラリーマン・ＯＬが加入する「健康保険」、船員が加入する『船員保険』、公務員、私学の職員が加入する「共済保険」。そして国民健康保険は自営業を営む人やその家族が加入します。

健康保険についての私自身の体験についてお話しましょう。

私は大腸がんと膀胱がんを経験しています。こう話し出すと、受講者の皆さんはびっくりした顔つきになります。

大腸がんは30年くらい前に発症しました。最初は単なる腹痛でした。よく腹痛を起こしていたのですが、通常30分〜40分ぐらい横になっていると治るのですが、その時は４時間、５時間経ってもおさまりませんでした。これは普段と違うなと思い病院に行き、大腸検査をしたところ、ポリープが見つかり、がんと診断されました。

大腸がんの場合、普通は血便が出て気づくことが多いのですが、その時はがんが相当進行しています。通常10ミリを超えると悪性の可能性が高く、また内視鏡での処置が難しくなるとのことでしたが、ちょうど10ミリでした。開腹手術を覚悟して入院しましたが、内視鏡で処置が出来ました。お医者さんからは、「腹痛で大腸がんが見つかったというのは本当に珍しい」と言われました。

膀胱がんは20年くらい前でした。尿に少し血液が混じっているかなという感じでしたが、ある日いきなりドバっと血尿が出たので、あわてて病院に駆け込みました。検査をしたところ、やはり10ミリのポリープが見つかり、がんと診断されました。これも内視鏡での手術で済みました。現在は定期的に検査を行っており、健康な生活を送っていますが、私の友人のひとりは、膀胱がんの処置が遅れ、膀胱を切除し人工の膀胱を付けています。

体にメスを入れることなく、かかる費用も安く済みますので早期発見できるよう心がけようと受講者の皆さんに伝えています。

治療を受けるためには健康保険証が必要です。サラリーマンや公務員は被用者保険に加入しており、保険料は給料天引きとなりますが、自営業や個人企業に勤めている場合は国民健康保険となり、保険料は自分で支払わなければなりません。

「保険料を滞納したことのある人？」と聞くと、必ず何人かは手が上がります。

日本は国民皆保険制度（すべての国民が何らかの公的な医療保険に加入している状態を確保）を採っています。だから、滞納していると保険証は取り上げられてしまいます。

「俺は、刑務所に何度も出たり入ったりしていて、滞納したことがある。でも役所の窓口で交渉したら滞納分を免除してくれたよ」と川島さんが発言しました。

私が役所に問い合わせたところ、免除とまでは言いませんが、毎月少しづつでも納めれば「保険証」か「短期保険証」を交付してくれる自治体もありますし、また、収入による保険料の減額制度もあります。

滞納しているならば、出所したらすぐに役所の国民健康保険窓口に顔を出して、健康保険証をもらえるよう相談してください。役所は何とか保険証を交付できるように努力しています。

❖国民健康保険と健康保険証

国民健康保険の届出には収容証明書（刑務所長の証明書）が必要となりますので、出所の際には必ず用意しておきましょう。収入所得申告書を提出します（所得がなくても提出します）。用紙は役所にあります。基本保険料は区市町村によって異なります。

本人確認は、免許証等があればその場で健康保険証が発行されます。住民票等で本人確認する場合は、役所から転送不要の書類が送られ、役所に書類が戻らなければ、本人確認ができたとして保険証が発行されます。

［高額療養制度］

通常、入院費用等は一度立て替えて支払い、後から高額療養費として戻ってくる制度ですが、平成24年４月１日から、限度額を超える分を窓口で支払う必要がなくなりました。

高額な外来診療受信者	事前の手続き	病院・薬局など
70歳未満 70歳以上(非課税)	加入する健康保険組合などに「認定証」の交付申請	「認定証」を窓口に提示
70歳以上75歳未満で非課税世帯等ではない	必要なし	「高齢受給者証」を窓口に提示
75歳以上で非課税世帯ではない	必要なし	「後期高齢者医療被保険者証」を窓口に提示

(例) 入院した時、病院への支払いが50万円や100万円の高額となったとしても、70歳未満であれば、「低所得者」は35,400円。「一般(低所得者と上位所得者の間の人)」あるいは「上位所得者(高収入を得ている人)」も1カ月の負担の上限は下表の通りかなり抑えられたものとなる。

◎70歳未満:適用区分　A＝かかった医療費の総額

所得区分(報酬月額)	自己負担限度額	多数該当
83万円以上	252,600円＋(A－842,000円)×1%	140,100円
53万～79万円	167,400円＋(A－558,000円)×1%	93,000円
28万～50万円	80,100円＋(A－267,000円)×1%	44,400円
26万円以下	57,600円	44,400円
住民税非課税者	35,400円	24,600円

(平成27年1月より)(全国健康保険協会)

◎70歳以上75歳未満

所得区分(報酬月額)	外来自己負担限度額	外来・入院自己負担限度
28万円以上3割負担 現役並み所得者	57,600円	801,100円＋(A－267,000円)×1% 多数該当:44,400円
一般所得者及び ③以外の者	14,000円	57,600円　多数該当:44,400円
低所得者	8,000円	非課税者:15,000円 その他　:24,600円

(平成29年8月より)(全国健康保険協会)

前頁の表について。

「多数該当」とは、１年以内に３回以上限度額に達した場合、４回目から限度額が下がる。

70歳未満と70歳以上の非課税の人は「認定証」が必要。70歳以上75歳未満で非課税ではない人は「認定証」不要。75歳以上非課税でない人は「認定証」不要（「認定証」とは「国民健康保険限度額適用認定証」のこと）。


アメリカの病院の費用について、参考として見てみましょう。

「盲腸で１日入院したら、いくらかかると思いますか？」

「30万円ぐらいかな」

「30万円よりも安いと思う人？」少し手が上がる。

「高いと思う人？」こちらの方が多く手が上がりました。

実は、ニューヨークでは１日入しただけで２４０万円かかります。ロサンゼルスは１９４万円、サンフランシスコは１９３万円です。

「本当にそんなに高いの？」と、みな驚いています。

日本は全国民が公的な健康保険に入らなければならないほか、高額療養費制度があります。

70歳未満で収入の低い人（住民税非課税の者）は１か月入院していても３万５４００円しかかかりません。アメリカには国民皆保険制度がないので、医者に行くのも簡単ではありません。

アメリカでは高い保険料支払いのため自己破産する人も多いと言われています。

みなさん。保険料は何とか払うように努力してくださいね。

❖保険料を払えない時はどうするか

もう一度「お金がなくて保険料を支払えない！」場合について整理しておきます。

まず、役所の健康保険の窓口に行って相談しましょう。持っていくのは、①健康保険証、②本人確認書類（運転免許証、マイナンバー通知カードなど）、③印鑑、④未納額の通知書、督促状など、現状がわかるもの、以上です。基本的に、本人が行くようにしてください。代理人（家族）が行く場合は委任状や代理人の本人確認書類が必要になります。

滞納した保険料は、やむを得ない理由があれば分割して納付することが出来ます。分割納付を希望する場合は、相談時に収支の状況を示すもの（給与明細、家計簿など）を持参しましょう。分割払いの回数や1回あたりの金額は、役所の窓口での話し合いで決めます。ただし経済的余裕があるのに分納を希望すると認めてもらえないこともあります。自治体は、滞納者の収入状況をおおよそ把握しているので、「生活に困っている」とウソをついてもすぐばれてしまいますよ。

保険料が減免されることもあります。次のような「支払いできない事情」がある場合、減額もしくは免除されるケースがあります。

○災害や事故に遭った場合、○家族が大病を患って医療費がかかるなど、やむをえない大きな出費があった場合、○離婚した場合（世帯員の構成が変わった場合）、○扶養家族が増えた場合

（出産、親の介護など）、〇破産をした場合
ただし、ここに挙げたのはあくまでも例であり、保険料の減免制度は自治体によって異なるので、まずは相談に行ってみてください。

滞納を放置しておいてよいことは何もありません。次のようなリスクがあります。

〇郵便・電話・訪問で督促を受けることになります。

〇滞納している保険料に対し、最大14・６％の延滞金を支払うことになります。

〇通常の保険証が利用できなくなり、短期被保険者証や被保険者資格証明書に切り替わることになります（被保険者資格証明書を提示しても医療費は全額自己負担）。

〇財産を差し押さえられる可能性がある
生活に困窮している人が真摯に相談すれば理解を得られるはずです。まずは「納付したい」という思いを伝えることが大切です。自治体は督促した回数や時期を記録しているので、滞納者が無視し続けてしまうと、状況はどんどん悪くなります。相談は国保の担当部署のほか、社会保障推進協議会、病院相談室の医療ソーシャルワーカーなどでも可能です。

◎受講者の反応

「保険料を滞納していたので役所の窓口に行けなかった」という大川さん。「出所後すぐに市役所の健康保険課に相談に行く」という発言が聞かれました。役所では「滞納していても窓口に来てほしい」と待っていますすと伝えました。

10

老後は年金が頼り

❖日本の年金制度の概要

平均寿命が延びるということは「老後」の期間が長くなるということです。どれだけ長生きしても、安心・自立して老後を暮らせるための社会的な仕組みとして公的年金は大きな役割を担っています。

次頁の年金制度の体系図を見てください。

国民年金（基礎年金）は、日本に住んでいる20歳から60歳未満のすべての人が加入します。国民年金のみに加入する自営業者・学生などを第1号被保険者と呼び、月々納付する年金保険料は定額（２０２０年４月より１万６５４０円）です。

国民年金（基礎年金）の支給開始年齢（受け取る年齢）は65歳で、納付した期間に応じて給付額が決定します。20歳から60歳の40年間すべて保険料を納付していれば、年間78万１７００円、月額約６・５万円（２０２０年度）の満額を受給することができます。

国民年金（基礎年金）を年金の一階部分と呼び、自営業者、学生だけでなく、サラリーマンや公務員、その配偶者などすべての人たちが対象となります。そして自営業者を第一号被保険者、サラリーマン・公務員を第二号被保険者、サラリーマン・公務員の配偶者を第三号被保険者と呼んでいます。一階部分の国民年金は、生活保障の基礎部分であるため、支給される年金を「基礎年金」といい、老後、つまり生きている限りもらえます。年金額は加入期間によって決まる「定額年金」です。

そして厚生年金を二階部分と呼んでいます。サラリーマン・公務員は厚生年金も併せて受取ることが出来ます。厚生年金は給与天引きのため、未納はありませんが、「自分で支払いをする」国民年金について未納が発生する可能性があり、特に国民年金について知っておく必要があります。

また国民年金は、受取る金額が年間約78万円と低いため、国民年金基金、

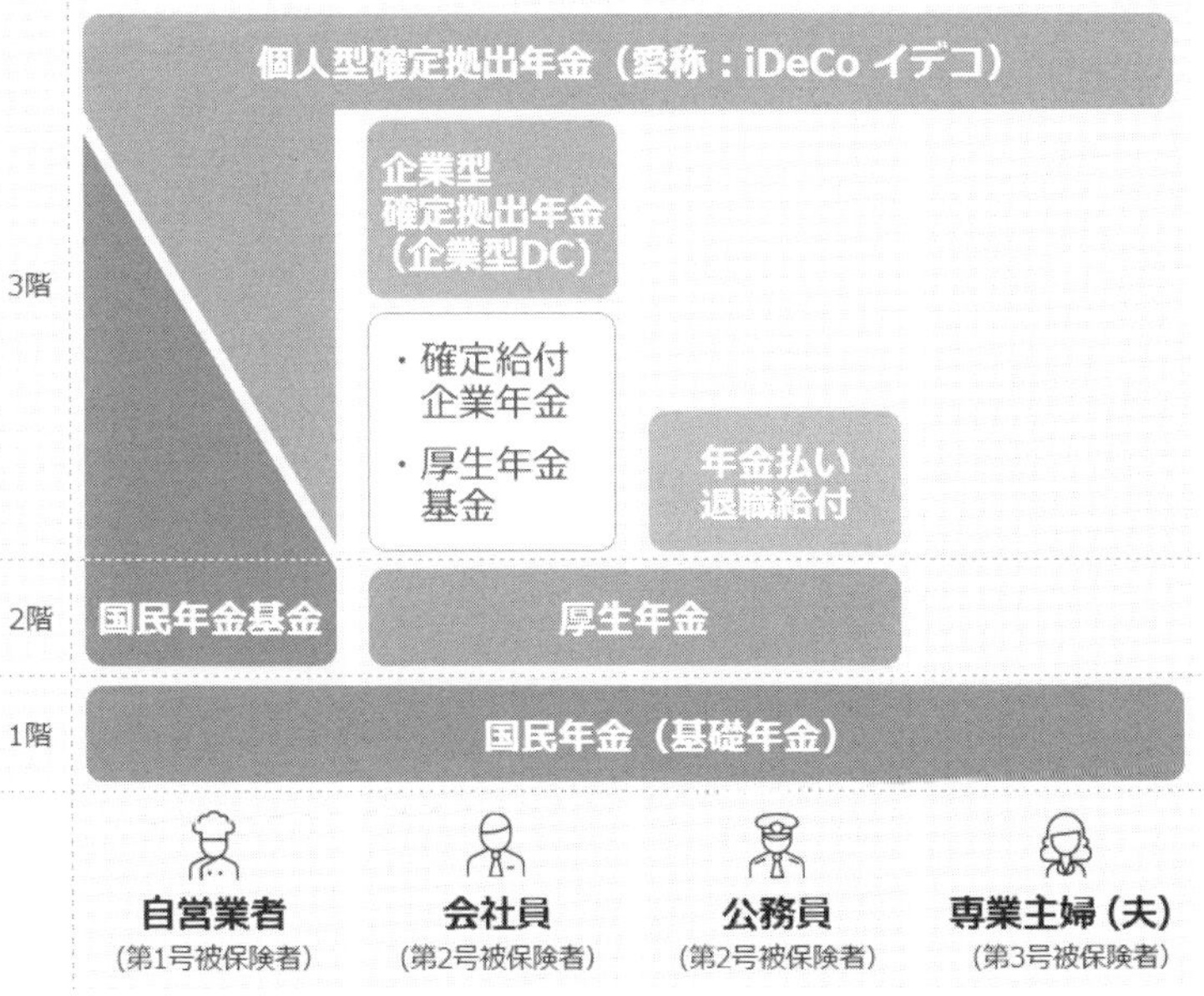

年金制度の体系図（日本年金機構の資料）

付加保険料（付加年金）、確定拠出年金個人型などを合わせて利用することを奨めています。

❖国民年金と収容者

刑務所入所者の多くは国民年金対象者ですが、ほとんどの人が年金未納者と言ってもいい状況です。したがって、年金への関心は非常に高いです。

この講座では、厚生年金ではなく国民年金を中心に話を進めます。

受講者の中には、「自分が死んだらどうせ年金なんてもらえないので、納めるのをやめてしまった」という人が少なくありません。しかし受講後、本人が死んでも家族や子供に支給されることを知ったので家族のためにもしっかりと納めていくと考える人も多くなりました。

国民年金は、老後のためにだけあるのではありません。大きなケガをした場合や死亡した時の保障も兼ね備えています。事故やケガで高度な障害を負った場合は障害の程度によって障害基礎年金が支給されます。本人が死亡した場合は「子の有る配偶者」に支給されます。「子」がいない場合は支給されませんが、60歳～65歳になる直前まで、要件を満たせば寡婦年金を受給できる場合もあります。

この講座では、法律の改正や制度の変更など、最新の情報を提供するように心がけています。このため、受講者の中には、「受給資格25年」ということで諦めていたが、10年に短縮されるようになったことを知って、「今からでも間に合う、これからは積極的に納めていく」という前向きな感想を述べる人も多いようです。

老齢基礎年金に必要な加入期間（受給資格期間）に参入されるのは、国民年金、厚生年金、共済年金のどれかに加入していて「保険料を納めた期間」と「保険料免除」を受けた期間です。それに合算対象期間（カラ期間：これまでの年金制度の変遷の中で国民年金に任意加入しなかったり、国民年金の被保険者の対象となっていなかったことなどにより10年を満たせない場合があります。そこで、このような人も年金を受給できるよう、年金額には反映されませんが受給資格期間としてみなすことができる期間）として認められる期間も参入されます。

２０１７年９月より、老齢基礎年金、老齢厚生年金、退職共済年金の受給資格期間が25年から10年に短縮されました。25年に満たないため無年金となってしまう人が増えているための対策です。

現在、無年金者である高齢者に対しても、改正後の受給資格期間を満たす場合は、年金が支給されます。

年金制度の体系図にあるように自営業者や個人企業などで働く国民年金第一号被保険者は毎月、保険料を納めなければなりませんが、保険料を納めることが難しいときは、納付猶予制度や免除制度などがあります。納付猶予制度や免除制度の申請手続きをせずに未納のままにしておくと、電話連絡や催告書の送付から始まり、最終的には財産の差押えとなります。

まず、年金事務所から電話や戸別訪問、催告状の送付で保険料を収めるようにと連絡がありますが。これには法的拘束力がないので無視してもかまいませんが、早いうちに支払うにこしたことはありません。

次の段階は、特別催告状が届きます。これには期日までに保険料を支払わないと配偶者や世帯主の財産を差し押さえる場合があるとも書かれています。この時点でも支払うことが難しい場合には年金事務所等で免除・猶予申請をしてください。特別催告状を無視していると、年金事務所が本人と世帯主、配偶者の所得を調査します。その結果、誰かに一定以上の所得があることが判明すると最終段階のプロセスに移ります。

強制的に財産を差し押さえる前には必ず督促状を送付し、保険料の納付を促す必要があると法律で定められています。督促状が届いたら、かなりまずい状況だと思ってください。督促状には納付指定日が記載されており、その期日を超過した場合は延滞金が課せられます。

督促状で指定された期限までに保険料の納付がなかった場合には、財産の差し押さえなどによって滞納している保険料を強制徴収する予告である差し押さえ予告通知書が届きます。これは連帯納付義務者である世帯主や配偶者にも送付されます。支払えるだけの所得があると判断された未納者には、実際に預貯金や生命保険の返戻金が差し押さえられます。

❖免除申請

国民年金保険料には支払い免除制度があります。

作業に就いた受刑者には作業報奨金が支払われますが、平成29年度予算における作業報奨金は一人あたり月額平均で約４３４０円となっています（法務省資料より）。

このように刑務所にいる間の所得は低いため、出所したら全額免除の申請ができると思います。免除される額は全額、４分の３、半額、４分の１の４種類です。手続きは、住民登録している市・区役所または町村役場に申請書を提出することによって、国民年金保険料の免除が認められる場合があります。保険料が免除されると、その期間は受給資格に必要な期間として計算されるので、将来年金額を受け取る際、本来の支給額の２分の１額を受取ることができます（現在は支給の半分が税金のため）。極端なことを言えば、所得が低かったとして10年間全額免除の申請をした場合、保険料を一回も収めていなくても、保険料を納めた場合の半分を受け取ることができます。

免除が受けられると、病気やケガで働けなくなった時、障害年金を受給できます（対象は一級・二級の等級者）。また、本人が死亡した時は、「子のある妻」または「子」に遺族基礎年金が支給されます。

「免除制度を施設の中で利用していた人はいますか？」

ほとんど手が挙がりません。刑務所に入る時、この免除制度の説明がされているはずなのですが、説明されて免除手続きしたと答えたのはほんの数人で、ほとんどの人が覚えていないようでした。

免除申請は、受給資格の期間を得られると同時に、保険料を払えるようになった時、10年溯って保険料を納めることが出来ます（追納と言います）。手続きせずに保険料を払わないと未納者となり、未納者はあとから保険料を溯って納めようとしても２年分しか払うことはできません。

免除申請の手続きは、毎年行うことになっていましたが、２０１６年7月以降、翌年度以降も収入が期待できず、あらかじめ申請を希望する場合、初回の申請が承認された場合は、翌年度以降も継続して申請があったものとして、審査を行います。

「ここに5年間入っているので、遡って5年間免除申請できますか？」との質問がありましたが、出所した後に、遡って免除申請を行う場合は、住民登録が行われていない期間がある場合は、刑務所に収容中の期間については刑務所長の証明があれば、最長2年1か月の申請が出来ます。

❖厚生年金も国民年金も払ったことがない

先ほど国民年金を未納のままにしていると大変だとお話ししました。

自分がもらう頃には年金なんかなくなってしまうだろう、あるいは、払っていても自分が死んだら無駄になってしまうだろう、と思っている人が意外と多いのですが、現在支給されている年金の半分は税金です。日本の年金がなくなってしまうことはありません。

年金に対する不安があると思いますが、正しい知識を持ってもらうために、年金の仕組みについてお話をします。

２０１９年8月に厚生労働省年金局が発表している数字を見てみましょう。２０１８年度の1年間の年金支給額は国民年金・厚生年金を合わせて51兆円、一方でやはり1年間に入ってくる年金保険料は厚生年金と国民年金を合わせると52兆円。今のところ、出ていく金額と入ってくる金額はほぼ同じです。

日本の年金の積立残高は、厚生年金と国民年金を合計して１６６兆５０００億円あります（２０１８年末）。この金額は３年間、１円も保険料が入ってこなくても年金を支給できる金額です。厚労省ホームページで海外諸国に何年分の積立金があるかを見て見ると、アメリカ約２年分、イギリス約２か月分、ドイツ約１か月分、フランス約１か月分です。日本の年金が安定していることがよくわかります。

それでも日本では年金についての将来不安が話題になっています。日本では、老後のことは国家が何とかしてほしいという考え方が強いですが、ドイツ、フランスなどは自分のことは自分でと考えているのです。

ただし日本の年金制度も、これから受取る人が増えていくのに、支払う現役世代が減っていくため、このままでは立ち行かなくなる恐れがあり、年金制度改革の必要が叫ばれています。

「会社を何回か変えていますが、厚生年金は５年くらい払っていたと思います。どうしたらわかるのでしょうか」との小林さんから質問がありました。

「出所したら、市区町村にある社会保険事務所で、厚生年金を何年払っていたか確認しておいた方がよいですね。その際、平成何年には府中のＡ社に、何年頃は立川のＢ社にというように勤めた会社名と地域を思い出してメモを用意しておくとよいですよ」

「小林さん、60歳まであと何年ありますか？」

「10年です」

「今までは25年納めていないと年金受給資格が得られませんでしたが、これからは10年になったことで、十分受け取れる可能性が出てきました。出所後、サラリーマンとして勤めた場合は厚生年金は給与天引きで積み立てできますが、自営業や個人商店の場合は国民年金となるので、自分で払っていくことになります。これから10年、年金保険料を納めていけば5年間掛けた厚生年金の分も併せて取得できますよ」

❖国民年金基金

年金制度の体系図を見ると、国民年金の上に「国民年金基金」というのがあります。国民年金は受取る時の金額が約78万円（月額約6万5０００円）と厚生年金と比べて低くなっています。そのため給付額を増やすための積立制度がありますが、その一つが国民年金基金です。国民年金基金は厚労大臣の認可を受けた公的な法人です。

国民年金とセットで、加入できる人は20歳以上60歳未満の自営業者、60歳以上65歳未満の任意加入の被保険者などです。掛金は上限月額6万8０００円で、全額社会保険料控除の対象になります。ただし、自分の都合で脱退したり途中解約することもできません。また、国民年金基金に加入した人は国民年金の付加保険料（付加年金）を納めることはできません。

加入する場合は、加入申出書を国民年金基金へ郵送するか、一部の金融機関でも加入の受付を行っています。

国民年金基金には「全国国民年金基金」と「職能型国民年金基金」の2種類があります。全国国民年金基金に加入できるのは、国民年金第一号被保険者（自営業者）であれば住所地や業種は問いません。職能型国民年金基金に加入できるのは、各基金ごとに定められた事業または、業務に従事する国民年金の第一号被保険者です。それぞれの基金が行う事業内容は同じです。なお、加入する場合はいずれか一つの基金にしか加入できません。

国民年金基金の一番大きな特徴は「確定給付」です。契約した時点で、将来もらえる金額が確定するということですが、現在のような低金利だと、将来もらえる金額が少なくなり、加入のメリットはあまりないことになります。

❖付加年金（保険料）

付加年金とは、国民年金の保険料に追加で付加保険料（一律400円）を上乗せして納めることで、将来的に受給する年金額を増やすことができる仕組みです。

付加年金の申込は市区町村の役所窓口で行います。2年間は遡って追納することができ、「納付辞退申出書」を提出すれば解約もできます。

付加年金の受給は「200円×納付月数」となります。例えば10年間付加保険料400円を払うと合計4万8000円です。そして受給する時は200円×支払い月数120月＝2万4000円。これが毎年上乗せされます。つまり10年間払った分が2年間で回収され、後は生きている限り受け取ることができます。

この付加年金はぜひ一緒にセットして掛けていくとよいですよ。

❖年金手帳の紛失

「年金手帳をなくしてしまいました。再発行はできるのですか？」と子安さん。

年金手帳の再交付は年金事務所で受け付けています。郵送してもらえますが、急いでいる時は運転免許証などで本人確認ができれば発行してもらえます。

また、社会保険労務士、法定代理人、事業主などが代理で手続きすることも可能です。

❖個人型確定拠出年金(iDeCo・イデコ)

年金制度の体系図に、国民年金の上に「個人型確定拠出年金」とあります。ここで個人型と断わっているのは、確定拠出年金には企業型があるからです。企業型は企業に勤めている人が対象で、自営業者などサラリーマン以外の人を対象とした個人型の確定拠出年金が創設されました。公的年金を補完する制度の一つです。

「個人型確定拠出年金にはイデコ（iDeCo）という愛称が付けられました。知っている人？」

誰も手が挙がりません。

イデコの大きな特徴は、自分自身で掛け金を拠出して自分で運用するというところにあります。したがって、金融機関や運用する商品は自分で選びます。運用がうまくいけばたくさんのお金を受取ることができますが、反対に運用が悪いと、受取る額が少なくなります。

すでにお話ししたように、国民年金で受け取れるのは月額で最大約６万５０００円と、大変低い金額です。個人型確定拠出年金といいますが、自分で作る退職金ということです。

加入者が毎月一定金額を積み立て、あらかじめ用意された定期預金・保険・投資信託などの金融商品を自ら運用し、60歳以降（65歳に延長予定）に年金または一時金で受け取る制度です。月額５０００円から１０００円単位で始めることができ、上限は６万８０００円です。国民年金基金を利用している場合は両方合わせて６万８０００円です。また、付加年金と合わせて利用できます。積立が大変になったら、掛金拠出を休止することができ、いつでも再開できます。

銀行、証券会社、郵便局（すべての郵便局ではない）で扱っており、死亡した場合は、遺族が受け取ります。

イデコは税金の面でメリットがあります。積立金額すべてが所得控除の対象となり、運用で得た定期預金利息や投資信託の運用益は非課税です。また受け取る時は公的年金控除、退職所得控除の対象となります。

「小池さんは厚生年金も国民年金も払ったことがなかったですね。現在何歳ですか？」

「35歳です。いま説明された個人型確定拠出年金を始めてみようと考えています」

「そのためには国民年金の保険料を支払うことが条件となりますよ。会社に勤めている場合は厚生年金を納めているので会社が保険料を負担してくれます。つまり退職金の分として毎月一人ひとりの確定拠出年金の口座にお金を入れてくれます。しかし個人型の場合は、各人が自分で保険料を納めることになります。もし小池さんがサラリーマンになって厚生年金を払うようになり、その会社に企業型確定拠出年金の制度があれば、積み立てたお金はその会社に持ち運ぶことができ、保険料は会社が負担してくれます。

個人型であれば小池さんの場合はあと30年積み立てができます。できるだけリターンを大きくするため、大きくリスクを取って運用したらよいですよ」

「これから始めるのに、どのような点に注意したらよいでしょうか」

小池さんのように熱心に質問する人がいる一方、「俺には関係のない話。聞きたくない」と言う人がいました。しかし、人生100年時代です。長生きするためには、まだまだお金に働いてもらう必要があるでしょう。もうしばらく我慢して聞いてください。

企業型確定拠出年金は会社が選択してくれますが、個人型確定拠出年金は、銀行、信用金庫、信託銀行、保険会社などの金融機関の中から商品内容を理解したうえで自分で選ばなければなりません。

取扱商品は、大きくは「投資信託」（第2部で説明）と「元本確保型の定期預金」となっています。

投資信託には、国内株式、国内債券、国内REIT、海外株式、海外債券、海外REIT、バランス型、ターゲットイヤー型などがあります。

例えば、5000円で始める場合、国内株式に25%、海外株式に25%、国内債券に25%、海外債券に25%という具合に資金の配分を%で決めます。また、加入時の手数料や銀行引落し時の手数料についても比較検討しなければなりません。

個人型確定拠出年金のメリット・デメリット

メリット	デメリット
・個人が運用の方法を決めることができる。 ・個人の自立意識が高まる。 ・経済・投資等への関心が高まる。 ・運用が好調であれば年金額が増える。 ・各加入者が常に残高を把握できる。 ・転職に際して年金資産の持ち運びが可能。 ・拠出限度額の範囲で掛金が税控除される。	・投資リスクを各加入者が負うことになる。 ・老後に受け取る年金額が事前に確定しない。 ・運用するために一定の知識が必要。 ・運用が不調であれば年金額が減る。 ・原則60歳までに途中引き出しができない。

iDeCoと国民年金基金の違い

	iDeCo	国民年金基金
掛金	月額5000円以上 1000円単位	加入時の年齢や プランによる
年金 給付方法	基本有期年金	基本終身年金
年金受取 開始時期	60～65歳（加入期間によって異なる）	原則65歳（プランによっては60歳から）
運用指示	必要あり	必要なし

ここまで聞いて、「何か大変そうだな」と思うかもしれませんが、一度設定（自分で選択する）すれば、そのまましばらく放っておけばよいのです。

まず必要なお金は、国民年金基金連合会に対する初期費用として２８２９円かかります（２０１９年10月１日現在）、その他に国民年金基金連合会が掛金引落しに徴収する手数料として月額１０５円、事務委託先金融機関（信託銀行）手数料月額66円がかかります。

小池さんが「勉強するのに参考になる本を紹介してもらえますか」と質問しました。同席している刑務官の許可を求め、私が書いた本を紹介しました（『確定拠出年金・IDeCo の手続きと運用が自分でスラスラできる本』ＫＡＤＯＫＡＷＡ）。

❖国民年金の手続き

「出所してから、年金について相談したいとき、どこに行けばいいのでしょう？」と小森さん。例えば、年金を受けられるはずなのに年金請求書が届かない。また年金に関するお知らせも届かない場合、国民年金のみの手続きは市区町村の国民年金の窓口へ、厚生年金と複数の年金制度に加入の方は年金事務所又は街角の年金相談センターに相談してください。電話で相談もできますし、インターネットでもできます。

全国の社会保険事務所や年金相談センターの窓口では相談員が無料で応対しています。氏名や生年月日などの個人情報をもとに納付記録をその場でデータ検索でき、50歳以上だと年金見込み額もわかります。年金手帳か免許証などの身分証明書を持参してください。

電話相談は「ねんきんダイヤル」で電話相談員が対応しますが、本人確認が難しいため記録内容を出さないこともあります。

社会保険庁ホームページには「年金個人情報提供サービス」があります。

いずれの場合も、年金手帳、年金保険料を払った領収書、銀行預金などからの引き落とし、勤務した事業所の所在地、事業所名など、あらかじめ準備しておくことが大事です。

❖マイナンバー（社会保障・税番号制度）

「マイナンバーの手続きが済んでいる人。手を挙げて？」

誰も手が挙がらない。

「出所したらマイナンバーの登録をしておきましょう」

マイナンバー（個人番号）とは、日本に住民票を有するすべての者が持つ12桁の番号。複数の機関に存在する個人の情報が同一人の情報であることを、社会保障、税、災害対策の３分野で確認するために活用されます。刑務所では出所に際して、マイナンバーの取得を推奨しています。

マイナンバーの申請は、郵便でもパソコン、スマートフォンでも可能です。

◎受講者の反応

「年金について、今まで知識がないため納めたことがなかったが、老後は年金が頼りと説明を受け、出所後にどこに行き、どのように手続きするかわかったので早速出向く」と小池さん。

「今まで困ったことがあっても、相談するという考えが頭になかった。電話やインターネットなどの方法もあるので利用したい」と渡部さん。

11 講義を終えて

府中刑務所における生活・金融教育は、２時間という限られた時間で行います。したがって本書に掲載したすべてを一度に講義できるわけではありません。活発に質問があり、その部分を深く説明していくと時間が足りなくなってしまいます。刑務官に頼んで５分か10分延長することもしばしばあります。

講座終了後の受刑者との短い会話から見えてくることをまとめてみました。

「この講義の時間、自分が刑務所にいたことを忘れていた」と最前列の秋山さん。これには担当刑務官のＡさん（法務事務官・主任看守、現在は看守部長）と顔を見合わせました。控室に戻る途中、「あの発言はとてもうれしいです」と言うと、刑務官のＡさんも同感ですとのことでした。Ａさんは、全国の刑務所で府中刑務所が初めて行った満期釈放者に対する研修を当初から担当した人で、立ち上げには大変な苦労をされただけに、受刑者が集中して講義を聞いてくれたことに熱くこみ上げるものがあったのでしょう。

記憶に残る受講者の言葉をいくつか取り上げてみます。

「自分の気持ちを穏やかにして人の話を聞くと、いろいろなことが見えてくることがわかった。

この気持ちを出所後も大切にしたい」

「生活設計など金融教育を刑務所に入る前に聞きたかった」

「2時間、こんなにも短いと感じたことがなかった」

「出所後に何から、どのように始めるか、自分の取る行動が分かった」

正確な知識が身に付けば、刑務所を出ても、生活状況を改善するためにどのように行動していくべきか、はっきりと目標を持つことができるはずです。

私の講義では、エンパワメントの6つの「生活設計」へのアプローチを実践しています。

エンパワメント（湧活）とは、誰もが持っている活力、可能性を、泉から清水がこんこんと湧き出るように引き出すことを言います。近年では福祉、医療、教育、経営、社会開発など幅広い分野で取り上げられ、「人を勇気づけること」「人に夢や希望を与えること」という意味合いで使われています。エンパワメントを定義すれば、「あなたはできる」というメッセージを心から伝えることであり、気持ちよく行動を促すことです。「自立しろ」「頑張れ」と元気づけることではありません。

講義では、誰でも知っている有名人、歴史上の人物のエピソード、自分自身の体験談など、受刑者にもわかりやすい事例を話し、「勇気」と「やる気」を与え、実際に行動意欲が湧くことを期待しています。出所していく者は、ゼロからの出発ではなくマイナスからの出発ということを自覚しています。マイナスから立ち直る最善の方法は、人に喜びを与え、人から感謝されることであると思います。

第3部

受刑者更生のための取り組み

1 犯罪者に対する更生保護の展開

❖更生保護制度の基本理念と役割

犯罪者に対する処遇は、施設内と社会内に分かれ、施設内処遇は「矯正」、社会内処遇は「更生保護」と呼んでいます。

更生保護とは、犯罪者が社会の一員として安定した生活を送れるよう指導と援護を行うことです。我が国では、保護司、更生保護施設、ボランティア等と国、関係機関、団体が連携して更生保護を推進しています。

更生保護制度を支える基本理念は、①生活基盤確保支援、②中間施設としての役割、③社会内処遇の専門施設の3点にあります。

「生活基盤確保支援」とは、更生保護施設が更生を期した犯罪者に対し生活基盤の確保を通して自立を支援することです。「中間施設」とは、更生保護施設が矯正施設から地域社会への橋渡しの役割を担っていることを意味します。「社会内処遇の専門施設」とは、その地域の保護観察対象者に対し矯正施設に収容することなく、一般人同様の生活を送る場として機能することを意味します。

更生保護施設の生活支援機能とは、主に、食・住・自立資金の準備等を助けて基本的な生活条件を確保させる機能です。これは最も基本的な機能であり、更生保護施設利用者の多くのニーズはここにあります。次にあげられるのが社会復帰援助機能です。就労支援や病院、社会福祉施設への橋渡しを行ったり、退所者の相談に応じるなど社会復帰を円滑にすることが目的です。そして教育的機能として、社会復帰のための次のステップへの道筋をつけることを目的とした取り組みを行っています。

これらは、更生保護施設を中心に様々な機関・団体・地域社会との連携を図るもので、今後は時代の流れやニーズに合わせてこれらの機能が発展していくものと考えられます。

平成８年には、更生保護法人制度の創設などを内容とする「更生保護事業法」が施行され、平成11年には、保護司法の一部が改正され、保護司組織である「保護司会及び保護司会連合会」の法定化がなされるなどの動きがありました。そして、平成19年６月、従来の犯罪者予防更生法と執行猶予者保護観察法を整理・統合し、更生保護の新たな基本法となる「更生保護法」が制定され、平成20年６月１日から全面施行されました。

更生保護法では、保護観察における遵守事項を整理・充実させるとともに、受刑者等の社会復帰のための生活環境の調整を一層充実させ、また、犯罪被害者等が関与する制度が導入されました。

近代の更生保護は民間の篤志家の活力によって開かれたものであり、それは現在の更生保護においても保護司制度や、更生保護法人、更生保護女性会、ボランティア団体のＢＢＳ会

（Big Brothers and Sisters Movement）といった多数の民間団体に脈々と引き継がれています。

更生保護法は、官民協働によって築かれてきた更生保護の理念と伝統を継承しつつ、更なる充実発展を期すための基盤となるものであり、この法律の施行を機に、更生保護の対象となる者の再犯防止と社会復帰支援のための様々な取組について一層の充実が図られています。

❖保護司とは何をする人か

保護観察や犯罪予防等の更生保護諸活動は、国の機関だけでは十分な効果を挙げることが困難であり、保護司などの更生保護ボランティアと呼ばれる人々が、それぞれの特性をいかし更生保護諸活動に積極的に参加されています。

保護司の数は全国で４万７２４５人（平成31年1月1日現在）ですが、減少傾向にありますが、そのうち女性は26・０％と増加傾向となっています。また、平均年齢は64・7歳です。

保護司法第１条には、「保護司は、社会奉仕の精神を持って、犯罪を犯した者の改善及び更生を助けるとともに、犯罪の予防のため世論の啓発に努め、もって地域社会の浄化を図り、個人及び公共の福祉に寄与することを、その使命とする」と定められています。

保護司は、犯罪や非行をした人の立ち直りを地域で支える民間のボランティアですが、保護司法により法務大臣から委嘱された非常勤の国家公務員とされています。給与は支給されませんが、活動内容に応じて実費弁償金が支給されます。更生保護は地域社会の事情をよく理解した上で行われなければ効果がないので、地域の事情に詳しい民間の人々の力が是非とも必要となるのです。

保護司は、保護観察官と協力して主に次のような活動を行います

①保護観察

これが更生保護の中心となる活動で、仮釈放となった犯罪者や非行を犯した少年と定期的に面接を行い、更生を図るための約束ごと（遵守事項）を守るよう指導するとともに、生活上の助言や就労の援助などを行い、その立ち直りを助けます。

②生活環境調整

少年院や刑務所に収容されている人が、釈放後にスムーズに社会復帰を果たせるよう、釈放後の帰住先の調査、引受人との話合い、就職の確保などを行い、必要な受入態勢を整えるものです。

③犯罪予防活動

犯罪や非行をした人の改善更生について、地域社会の理解を求めるとともに、犯罪や非行を未然に防ぐために、毎年７月の「社会を明るくする運動」強調月間などに講演会、住民集会、学校との連携事業などの犯罪予防活動を促進しています。

④保護司の１か月の活動例

毎月、保護観察対象者が保護司の家を訪問（来訪）したり、保護司が対象者の家を訪問（往訪）したりします。そこで対象者の最近の生活状況などについて話し合い、保護司は指導・助言を行います。また保護司は毎月１回、これらの内容を「報告書」にまとめ保護観察所に提出

します。保護観察中に何か問題などが起こったときには、保護観察官に連絡しアドバイスを受けます。地域ごとに保護司会があり定期的に会合が開催されるので、そこで保護司会の活動等について話し合います。

❖保護観察官の役割とは

保護観察官は、更生保護法第31条により、地方更生保護委員会事務局と保護観察所に置かれる国家公務員で、医学、心理学、社会学、教育学などの専門知識に基づき、保護観察の実施などに当たります。

保護観察官は職名であり、官名は法務事務官です。

地方更生保護委員会事務局に配置された保護観察官は、刑事施設からの仮釈放や少年院からの仮退院審理の準備調査に従事するほか、仮釈放の取り消しや仮退院中の本退院、保護観察付刑執行猶予中の者の保護観察の仮解除などに関する事務に従事しています。

保護観察所に配置された保護観察官は、保護司と協働して、保護観察や矯正施設収容者の釈放後の帰住先の環境調整の事務に当たります。

また、更生保護に関わるボランティアであるＢＢＳ会や、更生保護女性会、および協力雇用主との連絡調整、保護司の定例研修の講師、無期釈放者に対する恩赦（刑の執行免除）に関する事務、仮釈放期間満了者に対する恩赦（復権）に関する事務、更生保護施設を含む更生保護法人の監督なども保護観察官の仕事です。

ＢＢＳ会とは、様々な問題を抱える少年と、兄や姉のような身近な存在として接しながら、少年が自分自身で問題を解決したり、健全に成長していくのを支援するとともに、犯罪や非行のない地域社会の実現を目指す青年ボランティア団体で、全国で約４５００人が参加し、近年では、児童福祉施設における学習支援活動や児童館でのこどもとのふれあい行事等も実施しています。

❖保護観察所が行う犯罪や非行の予防活動

保護観察所は、犯罪を犯した人や非行のある少年に対して、更生のための指導と支援を行う国の機関です。全国に51か所（平成31年1月現在）あり、地方裁判所の管轄区域ごとに置かれ、更生指導（指導監督）と支援（補導援護）を行う機関です。保護観察所に配置される保護観察官と地域で活動する保護司（ボランティア）が協働して行います。

具体的には、刑務所の仮釈放者や保護観察付きの執行猶予者、家裁で保護観察処分を受けた少年や少年院の仮退院者に対し、社会内処遇（施設外の社会の中で処遇）により、保護観察や精神保健観察（「医療観察法」により、心神喪失などの状態で重大な他害行為を行い、不起訴や無罪になった人に対し、入院・通院中の生活状況等を見守るほか、医療および退院後の生活環境の調整、処遇実施計画の作成、ケア会議の開催を行う）のほか、釈放後の住居や就業先などの生活環境の調査・調整、更生緊急保護（宿泊所や食事、金品などの提供、就業の援助、社会生活に必要な指導助言など）、犯罪や非行の予防活動を行います。

なお、宿泊場所の提供などについては、出所後に帰る場所のない出所者に対する住居支援の一環として更生保護施設、自立準備ホームに委託して行っています。

❖更生保護施設が再犯、再非行の防止に貢献

更生保護施設で保護を受けるのは、刑務所を仮釈放や満期出所になった人、刑の執行猶予の言い渡しを受けて保護観察中の人、少年院を出た人、身寄りがないことや公的機関などからの援助を受けられない人などが対象となります。このように、現在住んでいるところでは更生が妨げられるおそれがあるなどの理由で直ちに自立更生することが困難な人たちに対して、一定期間宿泊場所や食事を提供する民間の施設です。

宿泊場所や食事の提供を行うだけでなく、保護している期間は生活指導、職業補導などを行い自立を援助することで、再犯、再非行の防止に貢献しています。

原則として、国の機関である保護観察所から委託されて入所することになるのですが、刑務所を出た人の実に6分の1が更生保護施設で保護を受けており、その他の人たちを含めると更生保護施設では年間1万人程度の人を保護しています。入所期間は人によって異なりますが、平均2～3か月程度です。

施設には生活指導を行う専門の職員が在籍しているほか、アルコール中毒や薬物依存から抜け出す教育プログラムを実施する施設もあります。とくに薬物犯罪者は再犯率が高いため、法務省では一部の施設に臨床心理士や社会福祉士を配置し、出所後の生活支援の充実に取り組ん

でいます。また、高齢者や障害者などで自立困難な人に対しては、福祉施設などへの移行を円滑にする取り組みも行われています。

平成30年６月１日現在、全国に１０３の施設があり、更生保護法人により１００施設が運営されているほか、社会福祉法人、特定非営利活動法人及び一般社団法人によりそれぞれ１施設が運営されています。その内訳は、男性の施設88、女性の施設７及び男女施設８です。収容定員の総計は２３８５人で、男性が成人１８７９人と少年３２１人，女性が成人１３４人と少年51人です（法務省保護局の資料による）。

❖自立準備ホームは民間事業者による支援制度

自立準備ホームは、国の施策として、矯正施設に収容された者が出所する際に引受人がおらず帰る場所もない場合、生活基盤を確保し円滑な社会復帰ができるよう「緊急的住居確保・自立支援対策」として、宿泊場所を管理する事業者に対し出所者等の保護を委託する制度です。

この制度により、保護観察所は民間事業者に対し、行き場のない出所者等に宿泊場所の提供や自立のための生活指導、必要に応じて食事の提供を委託することができます。たとえば「食べて語ろう会」が運営する自立準備ホームは、令和元年５月17日に広島保護観察所に登録されています。

このようにあらかじめ保護観察所に登録されたＮＰＯ法人等がそれぞれの特長を生かして自立を促します。施設の形態はさまざまで、集団生活をするところもあれば一般のアパートを利用する場合もあります。いずれの場合も自立準備ホームの職員が毎日生活指導等を行います。

❖更生保護法人の事業

更生保護法人は、更生保護事業法に基づき法務大臣の認可を受けて更生保護事業を営む民間団体です。更生保護施設を設けて被保護者に宿泊所の提供や帰住の斡旋、金品の支給や貸与、生活相談等を行ったり、罪を犯した者の更生を助けることを目的とする事業に対する助成や連絡調整、そしてこれらの事業の啓発等を行っています。

❖更生保護女性会は17万人が参加

更生保護女性会は、地域社会の犯罪・非行の未然防止のための啓発活動を行うとともに、青少年の健全な育成を助け、犯罪を犯した人や非行のある少年の改善更生に協力することを目的とするボランティア団体です。全国で約17万人おり、地域の公民館、学校等に地域住民を集め、地域の実情に即した非行問題等を話し合うミニ集会や親子ふれあい行事、子育て支援の活動などに取り組んでいます。会の趣旨に賛同する女性であれば誰でも参加できます。

❖自立更生促進センターは一時的な支援施設

親族や民間の更生保護施設では円滑な社会復帰のために必要な環境を整えることができない刑務所出所者等を対象に、国が一時的な宿泊場所（保護観察所に併設）を提供し、保護観察官による直接的な濃密な指導監督と手厚い就労支援により改善更生を助け、再犯を防止し安全・安心な国や地域づくりを推進することを目的として作られたのが自立更生促進センターです。

自立更生促進センターでは、仮釈放者を対象に、入所者個々に応じて専門的処遇プログラムや生活指導、対人関係指導等を集中的に実施し、また協力雇用主やハローワークの協力を得て、充実した就労支援を実施しています。現在、福島自立更生促進センター（福島保護観察所に併設、平成22年８月開所）及び北九州自立更生促進センター（福岡保護観察所北九州支部に併設、平成21年６月開所）の２施設を設置・運用しています。最初の国営施設である北九州自立更生促進センター（北九州市小倉北区西港町）は、開所当初地元で反対運動が巻き起こりましたが、10年過ぎたこれまでに２７０人以上を受け入れています。職探しのサポートなどで実績を重ねていく中、入所者の１割がルールを破って仮釈放を取り消されたり、職場になじめず生活に困窮して再犯するなど課題も浮かんでいます。

❖就業支援センターで就農支援

主として農業等の職業訓練を行う施設「就業支援センター」では、就農による自立支援とともに、保護観察官による生活指導や社会技能訓練等を実施しています。

現在、少年院仮退院者等を対象とした沼田町就業支援センター（旭川保護観察所沼田駐在官事務所に併設、平成19年10月開所）及び成人の仮釈放者等を対象とした茨城就業支援センター（水戸保護観察所ひたちなか駐在官事務所に併設、平成21年９月開所）の２施設を運用しています。

沼田町就業支援センターの概要を具体的にあげてみます。

農業実習では、シイタケ、イチゴ、トマト、じゃがいも、スイートコーン等の栽培、農家の協力による稲作の体験実習（田植え、収穫等）、肉牛飼育、対面販売実習、学科指導では、作物の栽培、流通等の専門知識についての講義が行われています。保護観察官による指導・監督としては、①生活指導として、自立支援プログラム（金銭管理、再非行防止等）、センター規則の遵守、入所者同士の役割分担・共同生活、②社会技能訓練として、自動車運転免許証取得に向けた指導（自動車教習所を活用）、高校卒業資格取得に向けた指導、③就労支援として、沼田町役場、職安との連携、④社会性の涵養として、社会貢献活動（社会福祉施設や海岸での清掃活動他）など、農業実習と並行して、北海道内での就農を中心に、退所後の就労・自立のための調整を行っています。

❖釈放後に福祉サービスが必要と考えられる受刑者には「特別調整」

高齢又は障害のために自立した生活をすることが困難である、あるいは身寄りがなく福祉的支援が必要な状況にあるのに適切な支援体制が確保されないまま出所しなければならない受刑者が少なからず存在します。

そこで平成21年４月から、そうした受刑者が釈放後速やかに必要な介護、医療、年金等の福祉サービスを受けることができるようにするための取組として「特別調整」を実施しています。「特別調整」に関する刑務所の主な役割は、「特別調整」の候補者を適切に把握して保護観察所に通知すること、対象者選定後は保護観察所や地域生活定着支援センターと連携して必要な情報提供や各種の調整をすることです。具体的に刑務所では次のような対応を行っています。

特別調整の条件のうち、高齢であることはすぐに把握できますし、身体障害や精神障害についても比較的把握しやすいといえます。しかし知的障害については、これまで障害認定を受けたことがない、あるいは障害の程度も軽い場合は見逃されがちです。これに対応するため、刑務所では知的障害用スクリーニング・ツールを導入しています。これは専門知識のない職員でも受刑者との面接の中で簡便に実施できるもので、受刑開始時に本ツールを実施し、その結果精査が必要となった場合には、各刑務所に配置されている調査専門官が個別知能検査を実施し医師の診断を仰ぐなどしています。

もともと一部の医療刑務所などを除いて刑務所には福祉を専門とする職員は配置されていませんでした。しかし、特別調整に対応するためには、福祉の専門知識や実務経験等を有する職員が必要であるため、刑務所では、非常勤の社会福祉士や精神保健福祉士の配置を進めてきています。さらに平成26年度からは、「福祉専門官」（社会福祉士又は精神保健福祉士の資格を有する常勤職員）の配置を進め、随時拡大を進めています（平成28年度においては34庁に１人ずつ配置）。府中刑務所では、常勤２名、非常勤３名の福祉専門官を配置しています。

刑務所では、社会福祉士等が釈放後に福祉サービスが必要と考えられる受刑者と面接をして福祉ニーズ等を把握し、必要な場合は、「特別調整候補者」として保護観察所に通知しています。その後も、障害の程度や生活歴等の必要な情報提供を随時行うとともに、障害者手帳の取得や生活保護の受給に必要な手続を支援するなどして、特別調整の円滑な実施に努めています。「特別調整対象者」は、出所の6か月前から選定し、本人と面接を重ねて課題を探りながら、帰る先や受けるサービスなどを検討します。出所後の居住先となる施設などを探すのは外部の地域生活定着支援センターの役割で、福祉専門官はセンターとの調整役を担います。現在府中刑務所では年間約70件の「特別調整」が行われているとのことです。

❖地域生活定着支援センターは各都道府県に

厚生労働省が創設した「地域生活定着促進事業」は、高齢・障害者のために福祉的支援を必要とする刑務所退所者について、退所後直ちに福祉サービス等につなげるための施策で、平成21年7月より全国に地域生活定着支援センターの設置を進めています。

地域生活定着支援センターは、現在各都道府県に1か所ずつ（北海道は2か所）設置され、各都道府県から事業を受託したＮＰＯ法人、社会福祉協議会、社会福祉会などが運営しています。

対象者は概ね65歳以上の高齢者又は身体障害、知的障害、精神障害を有する刑務所入所者で、住居や家族等の受け入れ先がない「特別対象者」と、住居や家族等の受け入れ先はあるが家族が高齢や要介護等の事情により受け入れ困難な「一般調整対象者」に分けられています。

❖協力雇用主には刑務所出所者等就労奨励金が支給される

出所者を積極的に雇用し社会復帰や社会とのつながりを強化する役目をはたしてくれているのが「協力雇用主」です。協力雇用主の登録業者数は年々増加傾向にあり、平成31年4月現在、2万2000社に上っています。

業種別では建設業が大半の52・7％を占め、次いでサービス業（13・8％）、製造業（10・6％）と続きます。規模別では、従業員29名以下の雇用主が過半数を占め、100人以上は4・7％と、中小企業の割合が高くなっています。一方、実際に出所者らを雇っていた雇用主は4・2％の774社で、意欲はあってもトラブルなどに不安を抱く雇用主は多く、また従業員への配慮などからためらう経営者も少なくないようです。

また警察庁と法務省は、都道府県警察と保護観察所との間で執り行う業務の運用について合意書を交わして、協力雇用主を暴力団から守るための措置を取っています。

法務省は平成26年12月、刑務所や少年院を出た人を雇用する企業を令和2年までに現在の3倍にあたる約1500社に増やす方針を決めました。

そして、企業に対する奨励金制度を創設しました。再犯率が高い傾向がある「仕事や居場所がない出所者」を安定的に雇用できるよう支援を充実させて新たな犯罪の抑制につなげることが目的です。

平成27年度から協力雇用主に奨励金を支給しています。「就労・職場定着奨励金」は、出所者を雇用した場合、1人当たり月額最大8万円を最長6か月間支払うもので、最大48万円です。「就労継続奨励金」は、出所者を雇用してから6か月経過後、3か月ごとに2回、最大12万円支払うもので、最大24万円。いずれも、就労継続に必要な技能や生活習慣等を習得させるための指導や助言等を実施し、保護観察所にその状況を報告することになっています。

また「身元保証制度」もあります。これは身元保証人を確保できない出所者等を雇用した日から最長１年間に、出所者により損害を被った場合、協力雇用主に見舞金を支払うもので、最大２００万円です。「トライアル雇用制度」は、出所者を試行的に雇用した場合、１人当たり月額４万円を最長３か月間支払うもので、最大12万円です。この制度は事前にトライアル雇用求人をハローワークに登録することと雇用保険の加入が条件となります。

このほか、出所者に実際の職場環境や業務を体験させた協力雇用主には、社会保険に加入していることを条件に、最大２万４０００円の講習委託費が支払われます。

❖教誨師とは何をする人か

教誨師《きょうかいし》は日本だけではなく、世界中に存在します。

「教誨」とは、「悪いことをした人に教えさとすこと」という意味です。そして、刑務所等の矯正施設において道徳心の育成や心の救済につとめ、受刑者が改心できるよう導き精神的に救済する活動を行う人を教誨師と呼んでいます。教誨師は法務省認定の職名で、教会・寺院に属さずに施設や組織で働く、牧師・神父・司祭・僧侶等の聖職者です。

俳優の大杉漣さんの最後の主演映画「教誨師」が平成29年10月に公開され、教誨師についての認識が広まりました。大杉さんは、独房で孤独に暮らす６人の死刑囚と対話する教誨師佐伯に扮し、その苦悩や葛藤を描き出しています。

戦前の教誨師は国から手当てが支給され、職務範囲も広範囲に決められていましたが、戦後は、「国及びその機関は、宗教教育その他いかなる宗教的活動もしてはならない」とされたため、現在は道徳的な「一般教誨」と、宗教的に踏み込んだ「宗教教誨」に分け、受刑者の希望があれば、各宗教各宗派が教誨を行っています。

「一般教誨」とは、刑務所の受刑者全員が参加するもので、主に刑務官や法務官などが担当します。「宗教教誨」とは、日本国憲法が定める「信仰の自由」の観点から参加は自由となっています。坊さんや神父さんが担当します。

また、その対象によって集合教誨（総集教誨・グループ教誨）・個人教誨・特殊教誨に大別されます。

「総集教誨」とは、教誨を希望する収容者全員を対象として行います。「グループ教誨」とは、特定の宗教宗派の教義に基づいて希望者を集合させた上で行う教誨で、説法・礼拝・儀式・話し合いなどを通じて行います。「個人教誨」とは、各人に対する教誨で、病者・独居者・拘禁者・懲罰執行中の者・未決拘禁者・死刑が確定した者、その他、個人的な教誨の必要性のある者に対して、本人の希望によって行われています。「特殊教誨」とは、遭喪教誨・忌日教誨・棺前教誨など特殊な場合に行う教誨をいいます。

教誨師になるには推薦者が必要です。仏教系の教誨師の場合、地方の仏教会長の承認を得、各都道府県の教誨師事務所に届けられ、都道府県の仏教会長より施設に登録されます。しかし施設側で教誨師の定員が満たされている時は待機となります。

教誨師というと、死刑囚と対話し死刑執行の最期のときにも立ち会うイメージがあるかと思いますが、それは一部の例で、多くの教誨師は、将来的に更生して社会に戻っていく人達に対して、宗教心に根ざした心の安らぎを与え、人間性の回復に向けた講話をし、悩みを聞き共に考えることがほとんどです。教誨活動は、所属する宗派などの本部から手当が出る場合もありますが、実質はボランティアです。

現在、日本では１８６４人（平成29年4月1日現在）の教誨師が活動をしており、その7割が仏教系、１割が神道系、１割がキリスト教系、残りの１割が諸教の割合です。宗派によっては受刑者の里親となって、出所後もずっと世話をしていく教誨師もいるようです。因みに府中刑務所では平成29年５月１日現在、教誨師の数は45人です。

❖教誨師の活動

日本の教誨師の数と宗教教誨活動の実施状況をまとめると表のようになります。

また、教誨師の組織について浄土真宗本願寺派を例に見てみます。

浄土真宗本願寺派の宗教教誨は、如来の本願を仰ぎ、真実に生きぬかれた宗祖親鸞聖人の「御同朋・御同行」の精神に基づいて、岐阜監獄における「罪を犯した人びとを更生させる布教」にはじまり、現在３１９名（平成29年3月31日現在）の教誨師が各施設で活動しています。

浄土真宗本願寺派では、本派の教誨師のほか、篤志面接委員及び矯正施設職員等で「浄土真宗本願寺派矯正教化連盟」を組織し、機関誌『教誨通信』の発刊や研修会を実施するなど、自己及び相互研鑽、親睦を図るとともに本願寺派の矯正教化事業の推進にあたっています。

浄土真宗本願寺派では、本派の教誨師のほか、篤志面接委員及び矯正施設職員等で「浄土真宗本願寺派矯正教化連盟」を組織し、機関誌『教誨通信』の発刊や研修会を実施するなど、自己及び相互研鑽、親睦を図るとともに本願寺派の矯正教化事業の推進にあたっています。

宗門においては、社会事業及び更生輔導その他社会教化に従事するため、教誨師の中から輔《ほ》

宗派別教誨師実人数（平成29年4月1日現在）

神道系　225名 （12.1％）	神社神道系144、教派神道系65、その他16
仏教系　1,214名 （65.1％）	浄土系678、禅系189、真言系159,日蓮系148、天台40
キリスト教系　262名 （14.1％）	カトリック系66、プロテスタント系196
諸教　163名 （8.7％）	天理教162、その他1
合計　1,864名	

公益財団法人 全国教誨師連盟の資料より

宗教教誨活動の実施状況（平成26年1月1日～12月31日）

仏教系	11,194回	（61.9％）
キリスト教系	3,659回	（20.2％）
神道系	2,065回	（11.4％）
諸教	1,183回	（6.5％）
	年間 18,101回	

公益財団法人 全国教誨師連盟の資料より

導使《どうし》という宗務員を設けています。現在、１７０名（平成28年4月1日現在）が任命を受け、社会貢献活動に従事しています。

❖刑務所は「福祉の最後の砦」

２０００年代以降、日本の刑務所には高齢者や障害のある人が多く収容されていますが、彼らの多くは、刑務所に入る前から社会生活が成り立っておらず、出所後また犯罪を繰り返し、刑務所に戻る割合が高いことが明らかになっています。かつては「刑務所は治安の最後の砦」といわれていましたが、現在の刑務所は「福祉の最後の砦」として、社会のセーフティネットを代替しているのです。

令和元年11月2日の毎日新聞に、広島刑務所尾道刑務支所（尾道市防地町）が受刑者が生活する居室や浴室などを報道陣に公開した記事が載っています。これによると、ここは原則として刑期10年未満の懲役または禁固の男性受刑者を対象としており、定員は３６５人で、報道の時点で約１８０人が収容されています。罪名別では、窃盗が31％で最も多く、強制わいせつなど性犯罪27％、道交法20％と続き、殺人・強盗など重い罪も10％を占めています。初犯が多く、昨年出所した１１７人の内訳は仮釈放78人に対し満期は39人でした。

また中国地方５県の高齢受刑者を多く受け入れているのが特徴で、65歳以上の高齢受刑者は約３割の52人も収容されています。最高齢は85歳です。養護処遇の配慮が必要な受刑者が多いため、刑務支所内は設備のバリアフリー化が進められ、医師と看護師が常勤しています。

記者の取材時、体育館で半袖シャツ姿の高齢受刑者17人が椅子に腰掛けたまま、筋力維持の体操をしていると記されています。

このように、刑務所収容者の高齢化は全国的に進んでいます。

朝６時40分起床。ベッドや洗面所、トイレが完備された居室を出て、車椅子や徒歩で移動を始める。８時前には同世代の仲間と「仕事場」に集まる。加齢とともに身体機能の衰えを感じるが、無理なくできる仕事に携わる。作業の合間には、介護福祉士の指導のもと、食堂で漢字の書き取りや簡単な計算を使った「脳トレ」、そして体操のＤＶＤを見ながらの運動を30分程度行う。１日の仕事は午後４時過ぎに終了。午後５時過ぎからの夕食が終わると、その後は居室に戻っての余暇時間。ベッドに寝ころびながらテレビを見て過ごし、午後９時に就寝。

これは老人ホームの話ではありません。刑務所の受刑者の話です。

「犯罪白書」平成30年版によれば、刑法犯検挙人員に占める高齢比率（65歳以上）は21・５％と各年齢層で最も高く、特に70歳以上の占める割合は14・７％と顕著に上昇しています。

受刑者の割合は10年前に比べて約３割減少しています。これは雇用環境の改善が主な理由と考えられ、仕事があれば減っていきますが、変わらずに残るのが高齢の受刑者です。平成10年と比べ、総数では３・４倍の４万６２６４人、うち女性は３・３倍の１万５２４６人で、高齢者の割合が34・３％と日本の高齢化率を上回っています。府中刑務所でも、受刑者に占める65歳以上の割合が、ここ10年でおよそ２倍に増えたといいます。

また「認知症」の受刑者の増加も見られます。

2 更生保護の歴史

❖更生保護の始まり

更生保護の淵源は江戸時代の人足寄場等にさかのぼることができますが、現在の更生保護の先駆となったのは、静岡県において監獄教誨と免囚保護を目的に明治21年に設立された「出獄人保護会社」であると言われています。

静岡県出獄人保護会社を設立したのは、旧中津藩士（大分県）の川村矯一郎。スポンサーは天竜川治水や北海道開拓で知られる金原明善です。

川村矯一郎は西南戦争にかかわった政治犯として、同志だった旧土佐藩士・岡本健三郎とともに静岡刑務所に収監されました。明治13年に出所後、自ら刑務所員となって所内で説法活動をするなど入所者の更生に尽力しました。その功績が認められ静岡刑務所長に就任しました。

川村が刑務所副所長の時、吾作という囚人が出所することになりました。吾作は川村に「今後は道に外れるような

更生保護事業の創始者　金原明善

ことは誓ってしません」と約束して刑務所を出て行きました。しかし、親戚に一夜の宿も断られ、金もなく寝るところもない吾作は、再び犯罪に手を染めることはせず、自殺してしまいます。これを知った川村は、金原明善に協力を求め出獄人保護会社を設立したのです。

刑務所出所者に衣食住を提供したこの会社の事業は、現在の更生保護施設の先駆であり、現行の保護司制度の前身でもあったといわれています。これを契機に各地に釈放者保護団体が設立されるようになりました。衣食住の提供のほか就労支援などの直接的保護事業、訪問指導や通信指導などの間接的保護事業、旅費や衣料等を給貸与する一時保護事業など、さまざまな保護団体が設立されました。これらは現在の保護観察の先駆的取組ともいえるものであったといわれています。

こうして民間の力で始まった日本の更生保護事業は、やがて国の刑事政策の中に組み込まれていきます。

❖更生保護の父、原胤昭

明治時代の代表的なキリスト教社会事業家として知られる原胤昭は、自由民権運動に関心をもち、明治16年秋に前年の福島事件に関連する錦絵を出版したことで新聞紙条例違反の罪に問われ、軽禁錮３か月、罰金30円に処せられて石川島監獄に収監されました。

キリスト教に入信していた原は、神の前に人は皆平等であるという人間観から受刑者への共感を強めていき、収監中に見た囚人の窮状から、監獄の改良や出獄者の保護が必要であると実感するようになりました。原は出獄後、教誨師になり釧路集治監に勤務しました。

明治31年、東京神田の自宅に出獄人保護所「原寄宿所」（のちの東京保護所）を創立、1万3000人を超える出獄人を保護するなど、行政がまだ未着手のこの事業の先駆者となりました。

原胤昭

❖免囚保護の父、寺永法専

「免囚保護の父」と言われた寺永法専は明治元年石川県に生まれ、19歳の時に北海道に渡り、仏教の僧侶として永専寺を開き布教活動を行っていました。網走にやってきたのは明治26年のことでした。翌27年、一人の出獄者が法専のもとを訪れ、獄中生活の状況を話したことがきっかけとなり、免囚保護にかかわるようになります。

法専は毎月数回網走監獄を訪れ、囚人たちに教えを説いていました。そして、監獄を出ても頼るあてのない者、帰るための旅費の算段のつかない者、老いて衰弱した者などを引き取り、食事を与え、仕事を世話し、医療の手当まで気をくばりました。

明治40年には免囚保護団体「網走慈恵院」を創立しました。しかし、出獄者の収容は苦労の連続でした。中には逃走する者や再び犯罪を犯す者も多く、町の人びとから「泥棒の下宿屋」「慈恵院ではなく危険院だ」などと非難を浴びることもありましたが、法専は彼らをいたわり続けました。

網走市の永専寺　寺永法専が住職を務めたことから大正13年に旧網走監獄正門が払い下げられ、この寺の正門になった。ユニークな和洋折衷建築で歴史的にも大変貴重なもの。

犯罪者の保護事業に一生を捧げた寺永法専が昭和12年に65年の生涯を閉じるまでに保護した免囚は１４７７人にのぼりました。

❖近代教誨の始まり

教誨とは、刑務所や少年院など矯正施設の被収容者に対して行う精神的・倫理的・宗教的な教化活動のことです。その目的とするところは、被収容者の心情の安定、徳性の涵養、精神的救済などです。教誨について簡単にふれておきます。

江戸時代は各藩に牢獄が設けられ、囚人の教化に努めた藩もありました。紀州藩主徳川頼宣が儒者李海峡を差し向けて、親殺しの少年を悔悟せしめたという記録もあります。寛政２（１７８０）年に設けられた石川島人足寄場には老中松平定信が心学者中沢道二を遣わし、囚人の者の教化に当たらせました。

明治５年、宗教に基づく公的な教誨の必要性について、真宗大谷派の僧侶鵜飼啓潭が名古屋監獄に、同じく對岳が巣鴨監獄に、翌六年には浄土真宗本願寺派の船橋要が岐阜監獄に、それぞれ請願を行い、認められました。これがわが国の近代教誨の始まりであり、彼等が先駆者とされています。

その後、神道、仏教各派などから全国各地の監獄に教誨実施の出願が相次ぎました。しかし明治20年代中頃からは、教団を挙げて教誨活動に取り組み始めた浄土真宗二派（浄土真宗本願寺派・真宗大谷派）の増加が目覚ましく、同30年代にはこの二派の僧侶がほとんどの施設の教誨を任され、終戦に至りました。

戦後は、法制の改革に伴い神道・仏教・キリスト教系等多くの教団に教誨の道が開かれています。

「近代宗教教誨発祥の地」記念碑
（平成21年に名古屋刑務所庁舎前に建立）

あとがき

これまで刑務所は社会から隔絶され、国民もその実態をなかなか知ることがなかった施設です。この施設の収容者の歴史と現状を、金融広報アドバイザーの目から見てみました。

私たち、金融広報アドバイザーは、日本銀行本店サービス情報局内に事務局のある「金融広報中央委員会」会長から委嘱を受け、各地で暮らしに身近な金融・経済等に関する勉強会の講師を務めたり、生活設計や金銭教育の指導等を行う金融広報活動の第一線指導者として、各都道府県に４７０名余り在籍しています。

金融広報中央委員会のホームページには、「小中高等学校、あるいは大学等において現在及び将来の生活を支え得る金融・経済に関する正しい知識の習得または、金銭や物に対する健全な価値観の養成を図るため、具体的な教育を実践し、その効果的な方法の研究に取り組んでいます」と記載されています。

私の所属する東京都金融広報委員会では、諸々の活動の一環として、金融広報アドバイザーによる矯正施設への支援があり、府中刑務所と多摩少年院への派遣が行われています。いずれも平成19年３月より開始されました。府中刑務所では仮釈放前指導（生活設計）と満期釈放前の特別講義を行っています。

出所していく者は、ゼロからの出発ではなくマイナスからの出発ということを自覚していています。人は、人から信用されなくなったら非情に寂しいものです。切ないものです。しかも一度失われた信用を取り戻すには、大変な努力が要ります。

「一つひとつ、信用を回復するために、できることから始めてみましょう」

これが講義の始まりです。

収容されている多くの受刑者は、

・預金をしたことがない。
・お金が入るとすぐに使ってしまう。
・厚生年金も、国民年金も払ったことがない。
・国民健康保険の保険料も滞納していた。
・お金の話など聞いたことがない。

一般的な「生活設計」の講義とは、あまりにも大きな違いがあります。しかし、このような受刑者を相手に2時間の講義終了後、受講者と短い会話をかわすこともあります。

「この講義の時間、刑務所にいたことを忘れていた」

「出所後に何から、どのように始めるか、自分の取る行動が分かった」

「2時間がこんなにも短いと感じたことがなかった」

「自分の気持ちを穏やかにして人の話を聞くと、いろいろなことが見えてくることがわかった。この気持ちを出所後も大切にしたい」

「刑務所で金融関連の教育を受けたことに驚いた。お金＝犯罪に繋がる重要なテーマであり、更生に役だった。出所後興味を持って取り組んでいく」

「生活設計など金融教育を刑務所に入る前に聞きたかった」

「年金の必要性、重要性が理解できたので、出所後にまず年金事務所に行く」などなど
講義を通して正確な知識が身に付くと、受刑者は出所してから、生活状況を改善するためにどのように行動していくべきか、はっきりと目標を持つことが出来たのではないかと思います。

教室に入り、講義の始まる前の「お願いします」の挨拶の時に、全員の顔を見ます。そして終わった後の「ありがとうございました」の時。私は全員の顔を見比べています。本当にありがとうございました、という気持ちが目にあふれ、教室を後にする私を目が追ってきます。

府中刑務所の年中行事に大運動会と文化祭があります。

大運動会は各工場単位で入場行進、応援合戦などで点数を競い、優勝チームを表彰しますが、胸を張って堂々と行進する様、応援の際の満面の笑顔、これが彼らの本当の姿であり、出所後にこのような姿を見せて欲しいと願ってやみません。

現在、日本では高齢化が猛烈なスピードで進んでいますが、刑務所においても例外ではありません。最近の傾向として、60歳以上の高齢者の入所率が2割に近づいています。また、全国の60歳以上の受刑者の1割超に当たる１３００人程度に「認知症傾向」がみられるとされています。収容者が収容者を介護するような状況があちこちで見られるようになるかもしれません。

刑務所は、「治安の最後の砦」ではなく、「福祉の最後の砦」として社会のセーフティーネッ

トを代替しています。

現在、厚生労働省のイニシアチブで「地域生活定着促進事業」（高齢又は障害を有するため、福祉的な支援を必要とする矯正施設退所者を受けとめて、退所後直ちに福祉サービスにつなげるための準備を行う）がすでに始まっています。

一方では、刑務所も時代と共に大きく変わっていき、「社会復帰促進センター」という名称で呼ばれる新しい施設もできています。

しかし、どのように刑務所が変革していっても、各刑務所での「生活設計・金融講座」をより多くの収容者が受講でき、出所していく者が二度と刑務所の門をくぐることのないよう願っています。

この本の出版に当たっては、構成等についてご指導いただいた芙蓉書房出版代表、平澤公裕氏に心から感謝します。

令和二年九月

石森　久雄

著者略歴

石森 久雄（いしもり ひさお）

金融広報アドバイザー、日本大学商学部特殊講義講師。

1941年生まれ。証券会社で支店長、投資信託部長などを歴任。日本FP学会会員。１級ファイナンシャル・プランニング技能士（CFP）。2002年より14年間、エイプロシス（日本証券業協会）の証券カウンセラーとして、公共機関、一般、学生対象に経済・金融知識の普及に専念。2002年より金融広報アドバイザーを務めている。元放送大学非常勤講師、神戸学院大学法学部外部講師。

直近の著書に、『ETF（上場投資信託）の授業』（中経出版）。『NISAはじめての投資』（監修、中経出版）、『確定拠出年金』（KADOKAWA）など、その他金融関係の著書、冊子等多数。

金融担当大臣・日本銀行総裁連名の「平成21年度金融知識普及功績者表彰」受賞、内閣府特命担当大臣より「平成27年度消費者支援功労者表彰」受賞。

刑務所で世の中のしくみを教える
——府中刑務所「生活設計・金融講座」——

2020年10月9日　第１刷発行

著 者
石森《いしもり》 久雄《ひさお》

発行所
㈱芙蓉書房出版
（代表 平澤公裕）
〒113-0033東京都文京区本郷3-3-13
TEL 03-3813-4466　FAX 03-3813-4615
http://www.fuyoshobo.co.jp

印刷・製本／モリモト印刷

ISBN978-4-8295-0800-8

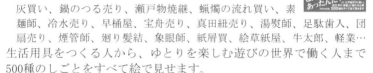

【芙蓉書房出版の本】

秘書が見た都知事の素顔
石原慎太郎と歴代知事

井澤勇治著　本体 1,800円

いまこそ知事の力量が問われている！　石原知事秘書を務め、約40年都庁の内と外で都政の舞台裏を見てきた著者がさまざまなエピソードで伝える都知事の素顔とリーダーシップ。

苦悩する昭和天皇
太平洋戦争の実相と『昭和天皇実録』

工藤美知尋著　本体 2,300円

昭和天皇の発言、行動を軸に、帝国陸海軍の錯誤を明らかにしたノンフィクション。『昭和天皇実録』をはじめ、定評ある第一次史料や、侍従長の日記、政治家や外交官、陸海軍人の回顧録など膨大な史料から、昭和天皇の苦悩を描く。

知られざるシベリア抑留の悲劇
占守島の戦士たちはどこへ連れていかれたのか

長勢了治著　本体 2,000円

飢餓、重労働、酷寒の三重苦を生き延びた日本兵の体験記、ソ連側の写真文集などを駆使して、ロシア極北マガダンの「地獄の収容所」の実態を明らかにする。

敗戦、されど生きよ
石原莞爾最後のメッセージ

早瀬利之著　本体 2,200円

終戦後、広島・長崎をはじめ全国を駆け回り、悲しみの中にある人々を励まし、日本の再建策を提言した石原莞爾晩年のドキュメント。終戦直前から昭和24年に亡くなるまでの４年間の壮絶な戦いをダイナミックに描く。